中国人的谦虚心研究

社会心理学的视角

谢威士　著

中国科学技术大学出版社

内 容 简 介

本书从社会心理学的视角,结合传统文化和社会现状,系统论述了中国人传统谦虚心的内涵、结构和特点,分析了中国人为什么崇尚谦虚,以及当代中国人该如何保持谦虚心等。本书将理论建构和实证研究相结合,兼顾学术性与可读性,对继承和发扬传统美德、促进人际和谐以及社会心态的健康发展具有重要的理论价值和现实意义。

本书可作为高校心理学、社会学、文化学等相关专业本科生、研究生的学习参考书,也适合对传统文化和心理学感兴趣的读者阅读。

图书在版编目(CIP)数据

中国人的谦虚心研究:社会心理学的视角/谢威士著.—合肥:中国科学技术大学出版社,2023.8

ISBN 978-7-312-05628-4

Ⅰ.中…　Ⅱ.谢…　Ⅲ.社会心理—研究—中国　Ⅳ.C912.6

中国国家版本馆CIP数据核字(2023)第043501号

中国人的谦虚心研究：社会心理学的视角

ZHONGGUOREN DE QIANXUXIN YANJIU: SHEHUI XINLIXUE DE SHIJIAO

出版 中国科学技术大学出版社

安徽省合肥市金寨路96号,230026

http://press.ustc.edu.cn

https://zgkxjsdxcbs.tmall.com

印刷 安徽省瑞隆印务有限公司

发行 中国科学技术大学出版社

开本 710 mm×1000 mm　1/16

印张 10.5

字数 218千

版次 2023年8月第1版

印次 2023年8月第1次印刷

定价 49.00元

前　言

　　随着我国经济、文化的复兴,中国传统文化开始引起多方面的关注。习近平总书记在党的十九大报告中,运用了大量的篇幅论述文化自信,文化自信从根本上讲是一种自觉的文化认知和认同。习近平总书记强调新时代中国特色社会主义文化,强调源自中华民族五千多年文明所孕育的中华优秀传统文化。早在2014年的省部级主要领导干部学习贯彻十八届三中全会精神全面深化改革专题研讨班开班式上,习近平总书记就提出:"把跨越时空、超越国度、富有永恒魅力、具有当代价值的文化精神弘扬起来,把继承优秀传统文化又弘扬时代精神、立足本国又面向世界的当代中国文化创新成果传播出去。"谦虚心一直被中国人视为一种优秀的传统文化与美德,值得继承、发扬、传播。

　　从心理学的视角来看,人际关系是个体心理健康的一个重要影响因素,而在中国,谦虚心是利于人际关系和谐的关键因素,是人际关系的润滑剂。我国古代圣贤关于谦虚心是人际关系的重要影响因素这一点也有大量的论述,如《周易·谦》中说:"谦谦君子,卑以自牧也。"[①]孔子曾说:"三人行,必有我师焉。"[②]"劳谦虚己,则附之者众;骄慢倨傲,则去之者多。"[③]这些都充分证明了谦虚心作为一种传统美德对人际关系的重要作用。在西方,当代积极心理学理论也认为谦虚是个体积极人格的重要组成部分。那么,探究中国人的谦虚心,对于促进当代中国人的人际和谐、心理健康以及良好社会心态的稳定都具有重要的理论价值和实践意义,同时也对当代中国人弘扬和发展优秀传统文化有一定的促进作用。

　　笔者以"中国人的谦虚心"为研究主题,认真阅读古今中外有关谦虚心

---

① 周振甫.周易译注[M].北京:中华书局,2012:79.

② 杨伯峻.论语译注[M].2版.北京:中华书局,1980:72.

③ 葛洪.抱朴子[M].上海:上海古籍出版社,1990:248.

的论述和论著,并认真梳理总结;运用文献法、访谈法、观察法、问卷调查法、实验法等多种研究方法,通过心理学、社会学、哲学、教育学等学科视角,重新审视传统谦虚心的当代内涵和意义。本书的主要目的是描述、解释、理解、揭示和预测中国人的谦虚心。为此,我们尽量按照中国文化心理学和本土心理学的研究思路"由根至叶"开展研究工作,并将中国人谦虚心的理论建构、实证验证和实践应用相结合。

　　笔者关注和开始研究"中国人的谦虚心"最早可追溯到2008年。2008年秋,笔者有幸到南京师范大学攻读心理学硕士学位,师从心理学家汪凤炎教授。汪老师首倡中国文化心理学的研究,出版了国内第一本《中国文化心理学》,提升了中国文化心理学的生命力与吸引力。在读期间,笔者认真拜读了汪老师的专著《中国文化心理学》,从此对中国文化心理学这一方向产生了浓厚兴趣。汪老师在论述"中国人的自我观"一章中提到了"中国人的谦虚心","谦虚"是极具中国文化特色的一种传统美德,那时笔者就有了开展"中国人的谦虚心"研究的想法。在获得汪老师的肯定后,便确定将"中国人的谦虚心"作为笔者的主要研究方向。随后,笔者以"中国人的谦虚心"为研究主题申报并获批2010年安徽省教育厅人文社会科学研究项目:当代大学生谦虚心理研究(2010sk297)。同时笔者以此主题完成了学位论文(学位论文题目为《大学生谦虚问卷的编制及初步应用》)。之后,笔者又以这一研究主题陆续申请并获批两项省部级课题,即2013年安徽省高校省级优秀青年人才基金重点项目——青少年谦虚心:特点、类型和心理结构研究(2013SQRW050ZD)、2015年教育部人文社会科学青年基金项目——谦虚心的内隐效应及青少年谦虚心道德德育模式建构(15YJC190020)。其间发表该研究主题的学术论文10余篇。这些研究为本书的撰写积累了丰富的资料。

　　2019年秋,笔者有幸跟随华中师范大学佐斌教授做访问学者,佐老师在中国文化心理学的研究上也颇有建树。在本书撰写过程中,佐老师给予了悉心指导。另外,访学申请获批之时,合肥师范学院副院长姚本先教授曾建议笔者,可以借此次访学,把"中国人的谦虚心"的研究做一个梳理和小结。故此,笔者有了撰写本书的初步想法。随后,笔者利用访学这段时间完成了本书的初稿,这也是笔者10余年针对"中国人的谦虚心"研究的总结。在本书撰写过程中,笔者对中国文化心理学研究有了更多的认识和更大的提升。同时,笔者也认真地"恶补"了一回中国文化心理学及中国本土心理学的研究知识和技能。书中参阅和引用了杨国枢、杨中芳、燕国材、黄希庭等众多专家和学者的论文与论著,在此谨向他们表示诚挚的谢意!

在本书撰写过程中,得到了笔者的导师南京师范大学汪凤炎教授、合肥师范学院副校长姚本先教授的大力支持与帮助!汪凤炎教授传授给笔者为学之方,并多次对本书的写作思路、研究方法、论述逻辑等给予直接指导和意见,这些都让笔者受益匪浅!姚本先教授对本书的撰写也提出了很多宝贵的指导意见,为本书增添了不少光彩。与此同时,华中师范大学的佐斌教授、温芳芳副教授,江西技术师范大学的陈浩彬副教授,以及合肥师范学院教师教育学院的各位同事也在学习、工作和生活上为笔者提供了诸多支持与帮助。另外,笔者的研究生吴思慧、左训雅、王玉、丁淑萍、吴佳林、盛蔚、王琳亚、王梦璇、贾雨晨等对本书内容进行了认真的校对,并提出了有价值的意见,让笔者从中切实感受到教学相长的乐趣。在此,谨向所有关心和帮助过我们的领导、老师、同事、朋友、同学、学生和亲人致以衷心的感谢!

笔者的初衷是努力将中国人谦虚心的研究做到尽量详尽、充实,但由于中国人的谦虚心由来已久,内涵和外延异常丰富,古之典籍和圣贤对它都做过大量的论述,再加之笔者学识有限,疏误之处在所难免。在此,恳请各位专家、学者和读者予以批评指正。

本书的写作与出版获得合肥师范学院2020年度著作出版基金项目资助。

谢威士

2022年8月20日

目 录

前言 ∙∙∙ (Ⅰ)

第一章　绪论 ∙∙∙ (001)

　　第一节　什么是中国人的谦虚心 ∙∙∙∙∙∙∙∙∙∙∙∙∙∙∙∙∙∙∙∙∙∙∙∙∙∙∙∙∙∙∙ (002)

　　第二节　研究中国人谦虚心的意义 ∙∙∙∙∙∙∙∙∙∙∙∙∙∙∙∙∙∙∙∙∙∙∙∙∙∙∙ (009)

　　第三节　如何研究中国人的谦虚心 ∙∙∙∙∙∙∙∙∙∙∙∙∙∙∙∙∙∙∙∙∙∙∙∙∙∙∙ (016)

第二章　中国人谦虚心的内涵 ∙∙∙∙∙∙∙∙∙∙∙∙∙∙∙∙∙∙∙∙∙∙∙∙∙∙∙∙∙∙∙∙∙∙∙ (028)

　　第一节　谦虚的语义分析 ∙∙∙ (028)

　　第二节　中国人"谦虚心"的传统内涵 ∙∙∙∙∙∙∙∙∙∙∙∙∙∙∙∙∙∙∙ (036)

第三章　中国人为什么重视谦虚心 ∙∙∙∙∙∙∙∙∙∙∙∙∙∙∙∙∙∙∙∙∙∙∙∙∙ (045)

　　第一节　中国人谦虚心的产生与发展 ∙∙∙∙∙∙∙∙∙∙∙∙∙∙∙∙∙∙∙ (045)

　　第二节　中国人谦虚心的文化阐述及社会功能 ∙∙∙∙ (050)

第四章　中国人谦虚业的心理机制结构、类型和特点∙∙∙ (059)

　　第一节　中国人谦虚心的心理机制 ∙∙∙∙∙∙∙∙∙∙∙∙∙∙∙∙∙∙∙∙∙∙∙ (059)

　　第二节　中国人谦虚心的结构 ∙∙∙∙∙∙∙∙∙∙∙∙∙∙∙∙∙∙∙∙∙∙∙∙∙∙∙∙∙∙∙ (069)

　　第三节　中国人谦虚心的类型和特点 ∙∙∙∙∙∙∙∙∙∙∙∙∙∙∙∙∙∙∙ (086)

第五章　中西文化中谦虚的比较 ∙∙∙∙∙∙∙∙∙∙∙∙∙∙∙∙∙∙∙∙∙∙∙∙∙∙∙∙ (091)

　　第一节　中西文化中谦虚的相同之处 ∙∙∙∙∙∙∙∙∙∙∙∙∙∙∙∙∙∙∙ (091)

　　第二节　中西文化中谦虚的区别 ∙∙∙∙∙∙∙∙∙∙∙∙∙∙∙∙∙∙∙∙∙∙∙∙∙∙∙ (094)

第六章　中国人谦虚心的实证探索 ∙∙∙∙∙∙∙∙∙∙∙∙∙∙∙∙∙∙∙∙∙∙∙∙∙ (101)

　　第一节　中国人谦虚心的内隐结构 ∙∙∙∙∙∙∙∙∙∙∙∙∙∙∙∙∙∙∙∙∙∙∙ (101)

　　第二节　中国人谦虚心的内隐态度 ∙∙∙∙∙∙∙∙∙∙∙∙∙∙∙∙∙∙∙∙∙∙∙ (111)

第三节　中国人谦虚心的基本现状 ·················(123)

第四节　中国人谦虚心的影响因素 ·················(129)

第七章　中国人谦虚心的日常表现与培育 ·············(139)

第一节　中国人谦虚心的日常表现 ·················(139)

第二节　当代中国人该如何谦虚 ··················(151)

第三节　青少年谦虚心培养的策略 ·················(156)

第一章 ｜ 绪 论

　　中国人对谦虚心的强调是中国文化的一个重要特点,谦虚心也一直被中国人视作传统美德之一。而随着中国的改革开放,现代中国人,特别是一部分青年人在不同程度上受到西方的意识形态、价值观、人生观以及为人处世方式的影响,对我国传统文化中优秀的思想表现出怀疑、厌烦、摈弃等态度:认为西方的东西都是积极的、完美的、先进的;觉得我们自己传统的东西都是过时的、落后的,传统的东西已经不合时宜了,当代部分中国人片面追求西方所谓的个性张扬,甚至有人认为谦虚是虚伪和自卑,表现谦虚会让自己失去很多机会,才能会被埋没,不利于自己的发展。

　　近年来,随着我国经济、文化的复兴,中国传统文化开始引起多方面的关注。在构建和谐社会的过程中,人们开始挖掘传统文化中的精髓思想,许多优秀的传统文化开始重现旺盛的生命力。习近平总书记在党的十九大报告中,利用大量的篇幅论述了文化自信,文化自信从根本上讲是一种自觉的文化认知和认同。这就要求文化理论研究者对中国特色社会主义文化必须真自知、真自信。报告中,习近平总书记强调中国特色社会主义文化,源自中华民族五千多年文明历史所孕育的中华优秀传统文化,熔铸于党领导人民在革命、建设、改革中创造的革命文化和社会主义先进文化,植根于中国特色社会主义伟大实践。党的十八大以来,习近平总书记大力传承中华优秀传统文化、赋予中华优秀传统文化时代内涵、运用中华优秀传统文化治国理政、阐发中华优秀传统文化应对国内外重大挑战,将中华优秀传统文化提升到崭新阶段,有力凝聚了民族精神,得到全世界中华儿女高度认同,将中华优秀传统文化转化为实现中华民族伟大复兴、构建"人类命运共同体"的强大精神力量。习近平总书记还指出,"优秀传统文化是一个国家、一个民族传承和发展的根本,如果丢掉了,就割断了精神命脉"[①],强调"要使中华民族最基本的文化基因与当代文化相适应、与现代社会相协调"[②],"要加强对中华优秀传统文化的挖掘和阐

---

① 2014年9月24日,习近平在纪念孔子诞辰2565周年国际学术研讨会暨国际儒学联合会第五届会员大会开幕会上的讲话。

② 2013年12月3日,习近平在中共中央政治局第十二次集体学习时的讲话。

发,努力实现中华传统美德的创造性转化、创新性发展,"把跨越时空、超越国度、富有永恒魅力、具有当代价值的文化精神弘扬起来,把继承优秀传统文化又弘扬时代精神、立足本国又面向世界的当代中国文化创新成果传播出去"[①]。谦虚心是中华传统美德的重要内容,值得继承、发扬、传播。

从心理学的视角来看,人际关系和谐是个体心理健康的一个重要影响因素,而在中国,谦虚心是人际关系和谐的关键因素,是人际关系的润滑剂。中国古代圣贤对谦虚心是人际关系的重要影响也有大量的论述,如《周易·谦》中说:"谦谦君子,卑以自牧也。"[②] 孔子曰:"三人行,必有我师焉。"[③]"劳谦虚己,则附之者众;骄慢倨傲,则去之者多。"[④] 这些都充分证明了谦虚作为一种传统美德在人际关系中的重要作用。在西方,当代积极心理学理论认为谦虚是个体积极人格的重要组成部分,它属于积极人格维度的节制维度,其目的也是达到人际和谐,建立和维持良好的人际关系。那么,探究中国人的谦虚心,对于促进当代中国人的人际和谐、心理健康以及良好社会心态的稳定都具有重要的理论价值和实践意义,同时也对当代中国人弘扬和发展优秀传统文化有一定的促进作用。

那么,中国人为什么一直崇尚谦虚心? 中国人在进行人际交往的过程中是怎样践行谦虚心的? 传统谦虚心该摒弃还是发扬? 其中又体现了怎样的心理机制呢? 这些就是本书主要研究的问题。在正式进入论题之前,首先明确三个方面的问题,即研究什么、为什么要研究以及怎样研究。

第一节　什么是中国人的谦虚心

一、谦虚心是中国人一种普遍的社会心态

"谦虚"是中国文化中的一个重要概念。在《现代汉语词典》(第7版)中,"谦

① 2014年2月17日,习近平在省部级主要领导干部学习贯彻十八届三中全会精神全面深化改革专题研讨班开班式上的讲话。

② 周振甫.周易译注[M].北京:中华书局,2012:79.

③ 杨伯峻.论语译注[M].2版.北京:中华书局,1980:72.

④ 葛洪.抱朴子[M].上海:上海古籍出版社,1990:248.

虚"的主要释义有二,其一为虚心,不自满,肯接受批评;其二为说谦虚的话。①中国传统文化中主要有"谦""谦和""谦让""谦逊""谦卑""谦谦君子"等表达,现代汉语中则多使用"谦虚""谦让""谦逊"等词,而用得最多且具有代表性的表达则是"谦虚"。一般来讲,谦虚可以理解为个体在人际交往过程中所表现出来的虚心、不自满,为人处世保持低调、不自大等。

谦虚心是中国人人际交往过程中的一种普遍心态。所谓心态,是指在一定的历史时期和文化背景之下,人们所持的一种心理状态和精神状态。它主要表现为集体的心理特征,即一个民族、一个特定群体的思想、感觉和处事方式等。具体来说,就是指影响个体、群体和民族思想的舆论、习俗、信仰和价值体系的总和。它构成了特定社会的价值-信仰-行动体系,而且这一体系常以"集体潜意识"的形式积淀在特定的文化之中,并构成最基本的层次,诸如人们对生活、死亡、爱情、性、家庭、宗教、节日、各种政治和社会问题的基本观念、态度及行为方式等。②而社会心态是指人们长期积淀起来的意识和心灵深处的稳定性、倾向性和定势。其主要通过个体的价值取向、思维方式、行为风格、情绪(情感)、态度等知、情、意的心理结构表现出来。社会心态是社会心理的存在或表现状态,属于社会心理层面。③而且,社会心态是形成于一定的时空环境和文化背景下,并为大多数社会成员表现出来的普遍的心理特征和心理状态。它相对稳定且不易改变,并时刻影响着个体的行为方式和处事风格,进而对社会稳定产生潜移默化的影响。故此,将"谦虚"纳入社会心态范畴,即谦虚心态是一种在人际交往过程中保持虚心、不自满、低调不张扬的社会心理现象。中国人自古以来就十分推崇"谦虚",所以谦虚已成为中国人的一种集体潜意识,时刻影响着中国人的为人处世风格。

社会心态的形成和发展离不开个体或群体的社会生活实践,并且在社会生活实践中经过长时间的积淀,形成了稳定的思维体系和价值观念。在中国文化里,谦虚心一般是被普遍认同的一种人际交往之道,是中国人进行人际交往的一种原理或法则。无论是天(自然)人关系、人人关系、人物关系,中国人都会保持谦虚心以达到天人关系和谐共生,人人关系和谐共处,人物关系和谐相融。从谦虚心发展的历史变迁中可以看出,中国人向来对天(自然)保持谦敬,对人保持谦让,对己保持谦卑,以至发展为将谦虚视为一种美德。在日常生活中,无论是待人接物、人情来往等日常人际活动,还是严谨的学术交流、演讲、报告、自我介绍等,中国人都表现出谦虚的言行。总之,只要个体进行人际交往,就可以看到中国人崇尚"谦虚"的印

---

① 中国社会科学院语言研究所词典编辑室.现代汉语词典[M].7 版.北京:商务印书馆,2018:1039.

② 蒋宝德,李鑫生.对外交流大百科[M].北京:华艺出版社,1991:353.

③ 沙莲香.社会心理学[M].4 版.北京:中国人民大学出版社,2015:56-58.

记。在传统文化层面，出现了大量有关谦虚的谚语或名言警句，如"谦受益、满招损""谦虚使人进步，骄傲使人落后""虚心竹有低头叶，傲骨梅无仰面花""天不言己高，地不言己厚"等。很多中国人将这些谚语或名言警句内化为自己人际交往、为人处世的座右铭。

众所周知，家训是指家庭对子孙立身处世、持家治业的教诲。家训是家庭文化的重要组成部分，对个人的教养、原则都有着重要的约束作用。在中国历代家训中，都将"谦虚"作为教育后代为人处世的重要准则。如中国第一部家训是周公的《诫伯禽书》。周公告诫儿子伯禽说：

德行广大而守以恭者，荣；土地博裕而守以俭者，安；禄位尊盛而守以卑者，贵；人众兵强而守以畏者，胜；聪明睿智而守以愚者，益；博文多记而守以浅者，广。去矣，其毋以鲁国骄士矣！①

翻译成现代汉语的意思为：德行宽裕却恭敬待人，就会得到荣耀；土地广大却克勤克俭，就没有危险；禄位尊盛却谦卑自守，就能常保富贵；人众兵强却心怀敬畏，就能常胜不败；聪明睿智却总认为自己愚钝无知，就是明哲之士；博闻强记却自觉浅陋，那是真正的聪明。可以看出，上述所说的这六点都是谦虚谨慎的美德。《颜氏家训》载："天地鬼神之道，皆恶满盈。谦虚冲损，可以免害。"②意为：天地鬼神之道，都不喜欢满盈。谦虚可以冲抵损害，免除祸患。《朱子家训》载："狎昵恶少，久必受其累；屈志老成，急则可相依。"③意为：亲近不良的少年，日子久了，必然会受牵累；恭敬自谦，虚心地与那些阅历多而善于处事的人交往，遇到急难的时候，就可以得到他的指导或帮助。《曾国藩家书》载："欲去骄字，总以不轻非笑人为第一义；欲去惰字，总以不晏起为第一义。"④议论他人长短、讥笑他人缺点、揭发别人过错，都是"骄"的表现。戒傲就是要谦虚，谦虚的人才懂得待人和善谦让之道。《左宗棠家训》载："读书、明理、谦逊。"左宗棠在家教上也令人称道。左家家风严正，好学精神浓厚，秉承左宗棠不为科举功名读书而为明理读书的家训宗旨，自强自立，低调谦虚。⑤这些家训说明了中国人在教育后代时都让其保持谦虚这一传统美德，均认为中国人在做人方面应该保持谦虚，这一传统美德对个体是有益的。这些家训世代相传，在中国人心中已经根深蒂固，深刻影响着中国人的为人处世。

综上可知，中国人推崇谦虚心是中国人的一种普遍的社会心态，是中国人做人做事方面一种常见的社会心理现象，并且以集体潜意识的方式影响着中国人的习

---

① 刘向.说苑校证[M].北京：中华书局，1991：240.
② 颜之推，王利器.颜氏家训集解[M].上海：上海古籍出版社，1980：317.
③ 民俗文化编写组.朱子家训[M].北京：中国致公出版社，2003：4.
④ 李鸿章.曾国藩家书注释[M].北京：西苑出版社，2016：320.
⑤ 匡济.历代名人的家风家训故事[M].北京：中国方正出版社，2016：198.

性和传统。

名人名言摘录

三人行,必有我师焉。 ——孔子

九牛一毫莫自夸,骄傲自满必翻车。历览古今多少事,成由谦逊败由奢。

——陈毅

不满足是向上的车轮。 ——鲁迅

劳谦虚己,则附之者众;骄慢倨傲,则去之者多。 ——葛洪

满盈者,不损何为? 慎之! 慎之! ——朱舜水

盛满易为灾,谦冲恒受福。 ——张廷玉

骄傲自满是我们的一座可怕的陷阱;而且,这个陷阱是我们自己亲手挖掘的。

——老舍

念高危,则思谦冲而自牧;惧满盈,则思江海下百川。 ——魏征

大勇若怯,大智若愚。 ——苏轼

一知半解的人,多不谦虚;见多识广有本领的人,一定谦虚。 ——谢觉哉

当我们大为谦卑的时候,便是我们最近于伟大的时候。 ——[印度]泰戈尔

自负对任何艺术是一种毁灭。骄傲是可怕的不幸。

——[保加利亚]季米特洛夫

我们的骄傲多半是基于我们的无知! ——[德国]莱辛

二、谦虚心是中国的传统美德

谦虚一直以来都被认为是中国文化中的一种传统美德,也一直是中国传统文化关注的一个热点,在中国传统文化里,古代先哲们关于谦虚有大量的论述。孔子所作的《周易·系辞》中有:"是故履,德之基也;谦,德之柄也。"[①]这说明了礼是道德根基,谦虚始能成就美德。《周易·谦》中说:"谦谦君子,卑以自牧也。"[②]孔子虽然没有正面明确地将谦虚视作君子必须具备的美德,但是《论语》中却记载了一些孔子按谦虚方式去做人的言论。[③]如"三人行,必有我师焉""我非生而知之者,好古,敏以求之者也"[④]等,也表达了极为谦虚的治学态度。孟子提出"四端学说",分别是

---

①② 周振甫.周易译注[M].北京:中华书局,2012:79,348.

③ 汪凤炎.中国心理学思想史[M].上海:上海教育出版社,2008:558.

④ 杨伯峻.论语译注[M].2版.北京:中华书局,1980:72.

"恻隐之心,仁之端也;羞恶之心,义之端也;辞让之心,礼之端也;是非之心,智之端也"①。其中,所谓的"辞让之心"即要求人们为人处世要谦虚低调,这是礼的开始。结合孔子的观点,更充分说明了谦虚是最基本的品德。老子的"谦虚"思想在其书中多次出现,可以看出老子以退求进的谦虚的处世方式。如:"名与身孰亲? 身与货孰多? 得与亡孰病? 甚爱必大费,多藏必厚亡。故知足不辱,知止不殆,可以长久。"②《道德经》第四十四章)南宋著名思想家朱熹说:"谦则抑己之高而卑以下人,便是平也。"③明代著名思想家王阳明在《王阳明全集·文录五·书正宪扇》中写道:"故为子而谦,斯能孝;为弟而谦,斯能弟;为臣而谦,斯能忠。"④这些都足以说明谦虚精神一直被中国古之圣贤视作一种美德,更是德的根本。

现代心理学理论也普遍认为,谦虚不仅是中华民族的传统美德,也是西方社会的重要价值准则。美国积极心理学代表人物赛里格曼(Seligman)认为个人品质是一种优秀的个性特质,是个性品质与具体美德的结合,这一观点同时也体现在他所创建的价值-行为分类体系中。价值-行为分类体系是一个完整的体系,在此体系中,美德、个性品质和促成条件均可以区分开来。美德是由伦理学家赋予的核心特征价值,如智慧、勇气等;个性品质可以用来获得美德、稍微具体化的个性特质。整个体系中将24种个人品质和6种美德结合起来(见表1.1)⑤,可以看出,谦虚被认为是一种优秀的人格品质,节制是谨慎处世的品质。每一种美德集合中的品质都是相似的,因为它们都和核心美德有关,但又各不相同。如果一个人要形成优秀的性格,他可能会表现出该美德集合中的一种或几种性格品质。节制美德涉及适度地表达欲望,它可以通过自制、谨慎和谦虚获得。我国心理学家燕国材教授也持类似的观点,认为谦虚是一种重要的性格特征。人的性格由多种多样的道德特征与心理特征组成,谦虚心就是道德特征中的一种,或者说,它是由道德特征转化而来的一种性格特征。燕国材教授还认为,谦虚本来就是个体的一种重要美德。作为一个真正的、"大写"的人,必须具备许多美德,谦虚心便是其中之一。因为有它,就能与他人建立良好的人际关系,就能使自己永不懈怠、奋力前进。谦虚心不只是一种美德,它还是一切美德的保护神和源泉。保有谦虚心,不仅可以使别的美德源源不断地产生,同时还能够让一切美德在个人身上永远保存。⑥

① 方勇.孟子[M].北京:中华书局,2010:63.

② 陈鼓应.老子注译及评介(修订增补本)[M].北京:中华书局,2009:239.

③ 朱杰人,严佐之,刘永翔.朱子全书:第16册[M].上海:上海古籍出版社,2002:2363

④ 马昊宸.王阳明全集[M].北京:线装书局,2016:857.

⑤ 艾伦·卡尔.积极心理学关于人类幸福和力量的科学[M].郑雪,译.北京:中国轻工业出版社,2008:48.

⑥ 燕国材.论谦虚心与学习[J].上海教育科研,2010(10):52-54.

表1.1 美德和性格品质

美德	界定特征	性格品质
智慧	知识的获得和运用	① 对世界的好奇和兴趣； ② 好学； ③ 创造性、独立性、完整性； ④ 判断力、批判性思维、开放性观念； ⑤ 个人、社会和情商； ⑥ 独特视觉、统揽全局、智慧
勇气	面对内部、外部两种不同立场誓达目的的意志	⑦ 英勇、勇敢、勇气； ⑧ 坚持、努力、勤奋； ⑨ 正直、诚实、真实
仁慈	人际交往品质	⑩ 善良、慷慨； ⑪ 爱与被爱的能力
正义	文明的品质	⑫ 公民之间的关系、公民的权利和义务、团队精神、忠诚； ⑬ 公平、平等、正义； ⑭ 领导关系
节制	谨慎处世的品质	⑮ 自我控制、自我管理； ⑯ 谨慎小心； ⑰ 适度、谦虚
卓越	个体与整个人类相联系的品质	⑱ 对美、卓越的敬畏、欣赏及领会； ⑲ 感激； ⑳ 希望、乐观、对未来的规划； ㉑ 精神追求、信念、信仰； ㉒ 宽恕、怜悯； ㉓ 风趣、幽默； ㉔ 热心、激情、热情、精力充沛

三、谦虚心是中国人人际交往的润滑剂

人既具有生物性也具有社会性，在日常社会生活中，人们每天都要与他人打交道。按照动机理论，人们需要通过人际交往来寻求和建立与他人的各种关系。社会中的每一个个体都希望得到他人或群体的支持、关爱、接纳，并与他们建立稳定的关系。这种个体与他人或群体的社会互动过程中形成的相互存在和联系的心理关系称为人际关系。[①]广义的人际关系包括亲属关系(即血缘关系)、朋友关系、同学关系、邻里关系、师生关系、雇佣关系、上下级关系、同事关系等等；狭义的人际关

---

① 沙莲香.社会心理学[M].4版.北京:中国人民大学出版社,2015:56-58.

系通常不把亲属关系(血缘关系)包括其中。个体在与他人交往的过程中,会根据交往对象的类型、与自己的关系以及交往情境,表现出不同的交往心态和行为。人际关系一直都是社会心理学的重要研究主题,有学者提出了"关系科学"的概念。当然,国内外学者从不同的学科视角,运用多种研究方法,对人际关系做了大量的研究,在有关人际关系的内涵、种类、心理结构以及人际关系诸多影响因素等方面积累了丰富的资料。

在中国文化背景下,在人际关系的诸多影响因素中,谦虚显得非常重要。中国人向来喜欢与谦虚的人打交道。笔者曾经做过一个简单的调查,调查问卷仅有两个题项:① 您喜欢谦虚的人吗? ② 您喜欢和谦虚的人交往吗? 每个题项采用"非常不喜欢""不喜欢""一般""喜欢"非常喜欢"五级评分。本次调查对象为566名大学生,调查结果见表1.2。从调查结果可以看出,绝大多数受调查者比较喜欢谦虚的人,并且喜欢与谦虚的人打交道。这说明在现在中国人的心目中,谦虚对个体人际交往的过程起到一定的促进作用,谦虚心是人际交往的润滑剂。

表1.2　566名大学生调查结果

题项	非常不喜欢	不喜欢	一般	喜欢	非常喜欢
① 您喜欢谦虚的人吗?	22,3.9%	49,8.7%	94,16.6%	232,41.0%	169,29.9%
② 您喜欢和谦虚的人交往吗?	31,5.5%	47,8.3%	101,17.8%	216,38.2%	171,30.2%

本书以中国人的谦虚心为研究主题,梳理总结传统文化中谦虚心的精髓,从古代典籍和圣贤言论中寻找谦虚心的"根",并结合当代中国人谦虚心的特点,运用理论分析和实证相结合的思路,通过考察"谦虚"的字形语义,崇尚谦虚的由来、历史变迁等,分析中国人谦虚心的内涵、种类、功能,建构中国人谦虚心的理论模型,并通过实证研究,揭示中国人谦虚心的心理和行为机制,以此提出适合现代中国人的谦虚建议和策略。故此,本书主要解决的问题如下:

(1) 什么是"谦虚"(词、字的语义分析)?

(2) 中国传统文化中"谦虚"精神的产生和发展是怎样的?

(3) 谦虚心的特点、种类和功能是什么?

(4) 中国人谦虚心的心理结构是什么?

(5) 中西方谦虚心有什么异同?

(6) 中国人谦虚心的日常表现有哪些? 该怎样去继承和发扬谦虚心?

通过这一系列的研究,我们期待建构一套可以理解中国人的社会心理与行为的意义系统,并为建构和谐社会提供理论支持。

第二节 研究中国人谦虚心的意义

谦虚心是具有浓厚中国文化特色且至今仍在广泛使用的概念。传统的谦虚美德在中国传统文化中虽然不像忠、孝、礼、义、仁、智、信一样有显著的地位，但也依然具有重要位置。谦虚心在促进中国人建立和维护人际关系、建设和谐社会、增强中华民族群体凝聚力与合作精神等方面都起着积极作用。当前，研究中国人的谦虚心，对于发挥谦虚这一传统美德的道德教育作用，揭示中国人的心理与行为机制，培养中国人的谦虚道德意识，培育积极向上的社会心态以及丰富中国本土心理学研究等都具有一定的理论价值和实践意义。

一、继承和发扬传统谦虚心，发挥谦虚美德的积极作用

道德和道德教育的核心问题，是"怎样去做一个人"的根本生存方式问题，而不是具体行为规范问题。道德和道德教育的根本作为是引导我们以人的存在方式去生活。[1]谦德(谦虚之德)居于中国传统伦理道德体系的核心地位，"谦为诸行之善，是善之最极"[2]，已积淀为中国传统文化基因中最深沉的一部分。在中国传统文化中，谦虚文化的内涵丰富，意蕴深远，以"谦"育德的思想也源远流长。

要透彻理解中国文化中的谦德，可上溯至群经之首的《周易》，从谦卦的卦象来看，其上卦三阴为坤为地、下卦一阳二阴为艮为山，山体高大却屈居于地下，儒家认为以此自然之象推于人事便有"谦退"的教化寓意——"谦者，有而不居之义"，即丰有之人要懂得不倨物而傲，适时自抑以卑退。《易经·系辞下》："履，德之基也；谦，德之柄也。"[3]这句话的意思是言行一致是道德的基础，谦虚则是道德的根本。孔子则把谦虚提升为儒家的核心道德范畴，他虽然没有谦虚的言论，但是他是用谦虚的方式来做人的。如《论语·述而》中有"三人行，必有我师焉"，"我非生而知之者，好古，敏以求之者也"。而且孔子将"谦虚"视作君子必备的美德之一，如《论语·宪问》中

① 鲁洁.道德教育的根本作为:引导生活的建构[J].教育研究,2010(6):63.
② 王弼、魏康伯,孔颖达,等.周易正义[M].上海:上海古籍出版社,1990:49.
③ 周振甫.周易译注[M].北京:中华书局,2012:348.

子曰:"君子道者三,我无能焉:仁者不忧,知者不惑,勇者不惧。"子贡曰:"夫子自道也。"①孔子非常推崇《周易·谦》中的"谦谦君子"一语,认为谦虚是做人的方式和君子必备的美德。②孟子的"四端学说"是说:"恻隐之心,仁之端也;羞恶之心,义之端也;辞让之心,礼之端也;是非之心,智之端也。"③其中所谓"辞让之心"即要求人们为人处世要谦虚低调,这是礼的开始。《左传·左昭二年》载:"忠信,礼之器也;卑让,礼之宗也。"④《左传·左昭十年》载:"让,德之主也。"⑤这些都说明了谦虚礼让是道德的根本。荀子对此也做了解释:"礼起于何也? 曰:'人生而有欲,欲而不得,则不能无求。求而无度量分界,则不能不争,争则乱,乱则穷,先王恶其乱也,故制礼仪以分之。'"⑥《左传·襄公十三年》载:"让,礼之主也。"⑦可见谦虚之德很重要,谦虚是礼的具体内容和关键。礼的核心是谦虚礼让。

此外,道家思想也非常重视谦虚之德。老子虽然也没有直接谈及谦虚,但其处下、无争、贵柔的思想,其实也是谦虚思想的表现。如:

《老子·第七章》:"是以圣人后其身而身先,外其身而身存。"

《老子·第九章》:"持而盈之,不如其已,揣而锐之,不可长保,金玉满堂,莫之能守。富贵而骄,自遗其咎。"

《老子·第六十六章》:"江海所以能为百谷王者,以其善下之,故能为百谷王。是以圣人欲上民,必以言下之;欲先民,必以身后之。"⑧

老子的这些话,处处都饱含着谦己下物、谦以待人的思想。老子虽然没有提及"谦虚",但他是以"以退求进"的谦虚方式处世的。王弼曰:"夫谦以待物,物之所归,刚以处险,难之所济。"⑨王弼的这些话,说的都是以谦待物,才能立于不败之地,他认为,唯谦才能尊,唯柔才能刚。如:

《周易·困卦注》:"夫谦以待物,物之所归,刚以处险,难之所济;不能以谦致物,物则不附。忿物不附而用其壮猛,行其威刑,异方愈乖,退尔愈叛。"

《周易·谦卦注》:"未有居众人之所恶而为动者所害;处不竞之地而为争者所夺。是以六爻虽有失位,无应乘则,而皆无凶咎悔吝者,以谦为主也。谦尊而光,卑

① 杨伯峻.论语译注[M].2版.北京:中华书局,1980:72,155.

② 汪凤炎.中国心理学思想史[M].上海:上海教育出版社,2008:558-559.

③ 方勇.孟子[M].北京:中华书局,2010:63.

④⑤ 李梦生.左传译注:下册[M].上海:上海古籍出版社,2004:339,1014.

⑥ 梁启雄.荀子简释[M].北京:中华书局,1983:253.

⑦ 李梦生.左传译注:下册[M].上海:上海古籍出版社,2004:705.

⑧ 陈鼓应.老子注译及评介:修订增补本[M].北京:中华书局.2009:83,89,303.

⑨ 王弼、魏康伯、孔颖达,等.周易正义[M].上海:上海古籍出版社,1990:49,110.

而不可跻,信矣哉!"①

从古代圣贤的言论和典籍中可以看出,谦虚之德在中国传统道德体系中具有重要的地位和价值,儒道两家皆非常推崇谦虚,特别强调为人处世要保持低调。在这种文化的长期熏陶和影响下,中国人逐渐增强了以谦为修德的强制性和自觉性。从古之圣贤的言论中也不难发现,传统的谦虚心与道德的属性是高度契合的,而且谦虚之德是德之根本。谦虚心不仅是中国传统道德的基本属性和历史传统,更是其建设和教育的根本价值取向。在几千年文化发展过程中,谦虚一直被视为中华民族的传统美德之一,中国人的性格中也形成了谦虚的特征,至今中国人还是保持谦虚的行事风格,我们当下常用的词汇中仍然有一大批与"谦"字相关的词,比如"谦卑""谦恭""谦和""谦谦君子""谦让""谦顺""谦虚""谦逊"等,可见"谦"字之深入人心,久而愈彰。②因此,传统的谦虚心为谦虚道德教育提供了具体可行的资料和规范,在当代道德教育中继承和弘扬"谦虚心",对培养中国人完整的人格品质和积极的社会心态,具有较强的可操作性和实践性。

当然,谦虚心对中国人的心理与行为的影响,既有积极的一面,也有消极的一面。积极方面主要表现为以下三点。

(一) 谦虚心有益于个体道德品质的修养

"'谦,德之柄也'……常执不盈之心,则德乃日积,故曰'德之柄'。"③《陆九渊集》卷三十四《语录上》指出谦虚心是提高中国人道德品性的重要方式。"人必有一善,集百人之善,可以为贤人。"④"自矜其智,非智也,谦让之智,斯为大智;自矜其勇,非勇也,谦让之勇,斯为大勇。"⑤可见谦虚心是大智、大勇之德的基础。王守仁则从反面论证了谦虚心对道德品性修养的作用,即个体若不遵守谦虚之德则不利于道德品性的修养,他认为"人不谦不足以受天下之益","人生大病,只是一傲字。为子而傲必不孝,为臣而傲必不忠,为父而傲必不慈,为友而傲必不信。故象与丹朱俱不肖,亦只一傲字,便结果了此生。诸君常要体此。人心本是天然之理,精精明明,无致介染着,只是一无我而已。胸中切不可有,有即傲也。古先圣人许多好处,也只是无我而已,无我自能谦。谦者众善之基,傲者众恶之魁"。⑥

① 王弼、魏康伯,孔颖达,等.周易正义[M].上海:上海古籍出版社,1990:49,110.

② 季羡林.谦虚与虚伪[J].南北桥(国学),2010(7):53.

③ 陆九渊.象山先生全集[M].北京:商务印书馆,1935:416.

④ 吕坤.呻吟语[M].武汉:崇文书局,2017:84.

⑤ 王长金.传统家训思想通论[M].长春:吉林人民出版社.2006:265.

⑥ 马昊宸.王阳明全集[M].北京:线装书局,2016:857.

（二）谦虚心有益于中国人求学持业

个体怀有谦虚之心，学习就不会感到厌倦；个体勤于向他人学习，就能够不断进步，取得成功。孔子曾说"学如不及，犹恐失之"（《论语·泰伯》），"敏而好学，不耻下问"。①众所周知，个体的才识是非常有限的，若个体能够善于聚集众人的才识，他就可能会成就大的事业。"人必有一见，集百人之见，可以决大计。"②个体只要坚持谦虚好学，以"下人"之心求教于他人，就能够达到较高的境界。"学问之道，贵能下人；能下人，孰不乐告之以善！池沼下，故一隅之水归之；江汉下，故一方之水归之；海下，故天下之水归之。自始学以至成圣，皆不外此。"③

（三）谦虚心有益于中国人建立和维护和谐的人际关系

在中国文化背景中，就人与人的关系来说，谦虚亦是一种待人自处之道。④具有谦虚心的个体往往含蓄内敛、谨慎守礼、以恭敬态度体现谦虚之行。"修恭逊、敬爱、辞让、除怒、无争，以相逆也，则不失于人矣。尝试多怒争利，相为不逊，则不得其身。大哉！恭逊敬爱之道。"⑤这说明个体若以谦虚心待人，就能够"不失于人"；个体若不具备谦虚心，在与人交往的过程中，就会"不得其身"，更不利于建立和谐的人际关系。"故为子而谦，斯能孝；为弟而谦，斯能弟；为臣而谦，斯能忠。尧舜之圣，只是谦到至诚处，便是'允恭克让'。"⑥具有谦虚心的个体能遵守"孝、悌、忠、信"等人际交往的道德准则，就像尧舜之圣，能够做到"允恭克让"，就能够建立和谐的人际关系。

中国人传统的谦虚心同样也具有消极的一面，如过度谦虚、假谦虚等现象。中国人的谦虚心在人际交往的过程中应达到一种合理的、恰到好处的状态。"谦，美德也；过谦者多怀诈。"⑦个体一旦过度谦虚很有可能使诈，若过度地卑躬屈膝，就有可能别有用心，这与传统的谦虚之德的内涵是相悖的。假谦虚则是个体心身、言行不一致，徒有外貌仪态的谦恭，却无内心谦虚恭敬之心，即缺乏真诚的谦虚，这种假谦

① 杨伯峻.论语译注[M].2版.北京：中华书局，1980：47，85.

② 吕坤.呻吟语[M].武汉：崇文书局，2017：84.

③ 唐甄.潜书[M].上海：古籍出版社，1955：12.

④ 冯友兰.三松堂全集：第四卷[M].郑州：河南人民出版社，2001：405.

⑤ 李山.管子[M].北京：中华书局，2009：180.

⑥ 马昊宸.王阳明全集[M].北京：线装书局，2016：857.

⑦ 徐学谟.归有园麈谈[M].北京：中华书局，1985：8.

虚是一种虚伪的行为,对个体心理和行为的发展非常不利。

二、揭示谦虚心的内在机制,建立和谐人际关系

谦虚心是中国人日常和大众文化心理的基本特征,更是一种人生智慧、生活智慧。谦虚为人、谦逊待人,这个道理置于人际关系的构建之中,指的是待人处世须谦逊恭敬、有礼有节,切勿目中无人、傲慢无礼。谦虚既是一种人生态度,其主要表现为谨慎、容让、韧性和忍耐的外在语言或行动;谦虚也是一种行为方式,其主要体现为个体在人际交往过程中的声调神态、举手投足等非言语表达。

谦虚心是中国传统社会的一种精神原则。谦虚心不是个体没有原则地退让,不是因为个体没有成绩或没有获得成功而"虚",只因为要谦虚而"虚"。谦虚的前提是个体要先有实力和能力,拥有实力和能力却不张扬、不自大自满,通过自我克制和修养而表现出谦虚心。在人际交往的过程中,个体自我的真实和自我的表现固然重要,但个体想跟他人建立和谐的人际关系,就应适当地限制自我,不能自高自大、目中无人。他人会因为被尊重而同样以谦虚的方式回报。谦虚是在个体日常生活中形成的,也体现为个体在日常生活中人际交往的智慧。通常在中国人看来,个体若妄自尊大或目中无人,会被认为是无知和缺乏修养的表现,同时这种表现也容易遭到他人鄙视,因为具有谦虚心的个体总是容易受他人喜爱、被他人接纳,他人会愿意与其交往,并建立和谐的人际关系。反之,高傲的个体容易令人感到反感、厌恶,他人也不愿意与其交往。

从社会心理学的角度来看,我们该如何揭示谦虚心内在的心理机制呢? 比如说,在人际交往的过程中,个体为什么崇尚谦虚? 谦虚为什么能够成为中国人的一种集体潜意识? 形成中国人在为人处世过程中注重表现谦虚的心理表征的原因是什么? 中国人在日常生活中又是怎样实现谦虚的? 中国人的谦虚心和中国人的尚"礼"、尚"和"、"中庸"等存在联系吗? 当代中国人又能够从古人推崇的"谦谦君子"的尚"谦"心态中得到哪些启示呢? 尤其是在信息化、全球化迅猛发展的今天,当代中国青少年群体深受西方文化影响,谦虚心在当代青少年心中呈现什么样的状况呢? 他们是否还会以谦虚为美德,是否还会在人际交往的过程中保持谦虚心? 哪些因素会对谦虚心产生影响? 这些问题都值得深入研究。

当下,学者们有关谦虚的研究主要有两种视角:其一,传统文化视角,就是结合中国传统文化中的谦虚心进行哲学思辨性的论述,缺乏多学科、多视角的实证研究;其二,心理学视角,即按照西方心理学有关谦虚心的内涵进行论述或实证研究,缺乏中国本土性和文化适应性,也就是说研究的结果有些"水土不服"。中国人崇

尚的谦虚心既是一个有中国文化特色的概念,又是心理学领域研究的一个重要内容。纵观学者们的前期研究,较少有学者从中国传统文化和西方心理学思想相结合的视角对谦虚心进行研究,也较少有学者结合中国文化提炼出谦虚心的社会心理学概念或理论。也就是说,中国人谦虚心的本土心理学研究亟待加强。

我们要解决这些问题,就需要专门开展有关谦虚心心理和行为的研究。在这方面,过去已有学者,如汪凤炎、蔡华俭、苗元江等进行了概念分析和理论建构,分析了中国人谦虚心的心理与行为的特点和模式,也进行了一些实证探索。当然,中国人的谦虚心具有多层次系统的特点,受到诸多因素的影响。另外,中国的社会文化变迁也改变了中国人谦虚心的表现和模式。这些问题均值得心理学研究者进行进一步的研究。故此,本书将通过研究中国人的谦虚心,建立一套能够解释中国人谦虚心的心理和行为的概念体系并初步建构谦虚心的理论模型,以此揭示中国人谦虚心的心理与行为的内在机制和社会文化因素。在实践层面,首先,中国人谦虚心研究有助于增强中国人对谦虚心的认同,并利用谦虚这一人际交往的关键因素,营造健康和谐的社会人际关系,帮助个体较好地建立和谐的人际关系,促进个体心理健康和社会和谐稳定。其次,立足中国传统文化分析中国人的谦虚心,将有助于我们科学、合理地认识中国人谦虚心的心理和行为的规律性,避免西方心理学理论的文化弊端,从而开展以中国传统文化为基础的实证研究,形成中国文化特色的心理学理论,并且充分发挥出中国优秀传统文化对促进国民心理健康的积极作用。[①]

三、加强文化心理研究,促进中国特色心理学建设

一般认为,心理学作为一门科学是从1879年算起的。1879年,德国心理学家冯特在莱比锡大学建立了世界上第一个心理学实验室,标志着科学心理学的诞生,其学科思想来自西方的哲学思想。之后心理学在欧美得到了迅速发展。中国心理学长期受到西方心理学思想的影响,缺少关注本土文化传统的自觉性,导致中国传统文化和思想难以为当代中国心理学的发展提供思想源泉、灵感和根基,使得研究成果欠缺文化生态效度、民族灵魂、宏观视野和原创性。[②]近年来,文化心理学研究逐步成为心理学领域的一个重要研究内容,越来越多的心理学研究者开始关注中国文化在中国心理学研究中的重要作用,越来越多的研究成果强调了中国人与西

① 部宣.22个部委联合印发《关于加强心理健康服务的指导意见》[J].中国社会工作,2017(4):4.

② 汪凤炎.论我国心理学研究的时代使命[J].南京师范大学学报:社会科学版,2017(4):126-133.

方人不同的、特有的心理和行为现象,在对中国人心理与行为的分析中,开始关注中国文化对中国人心理与行为发展的影响。在研究题材方面,强调以中国人所熟悉的心理经验或想法为研究题材,逐步摒弃模仿、重现西方心理学理论的研究习惯,更加重视根植于中国人的社会、历史及其学术传统中的文化心理学研究。[①]中国心理学研究者在进行心理学研究时,自觉地从中国文化的心理现象、特点出发,按照中国人的心理与行为的发展特点和规律性进行研究,寻找中国人社会生活中普遍存在的、深入人心的并且具有中国社会规范作用的文化概念和心理特质,再按照现代心理学的研究范式进行研究。这样做既不脱离中国本土文化,同时又与世界心理学的研究相融合。故此,我们将在自己的理论架构、实验、问卷设计以及分析与讨论中妥善地放入中国文化,以此探究中国文化与中国人的心理与行为之间的关系。这样做的目的主要是,妥善汲取中国文化尤其是中国传统文化的优秀成果,并结合当代中国的现实国情以及当代世界心理学的发展现状与趋势,通过带有浓厚原创性意蕴的研究,逐渐建构出成体系的、原创性的心理学系列研究成果,提高中国文化心理学的研究深度,最终建成适合中国文化特质的心理学,提高中国心理学在世界心理学大家庭中的学术地位和话语权。

为了使研究达到上述目的,将主要做两件事情:其一,要挑选一个具有浓厚中国文化意蕴的研究主题,然后构建一套具有中国文化特色、用以解释此主题的小型心理学理论观点、理论模型或理论体系;其二,选择恰当的检验方法(通常是实证检验法,但也不排斥诸如演绎法和推理法等其他方法)来验证此小型心理学理论观点、理论模型或理论体系,从而建构出较为成熟的小型心理学理论观点、理论模型或理论体系,用以更加准确地描述、解释、理解、揭示和预测中国人某一方面的心理与行为方式。[②]

谦虚心具有浓厚的中国文化意蕴,并对中国人的心理与行为产生了深远的影响。中国人普遍崇尚谦虚心,谦虚心是中国人一种典型的社会心理现象,很值得将其作为一个具有中国文化心理特色、本土化气息较强的主题加以研究。但是,目前从社会心理学层面对"谦虚"的概念、内涵、发生机制、理论建构等加以研究和讨论的学者相对较少,也鲜有心理学研究者以实证研究方法,分析影响中国人做出崇尚谦虚的心理和态度的研究。心理学的研究应该以理论思辨、理论建构为基础,并以实证的研究方法揭示心理现象背后的心理与行为的内在机制,从而可以更加准确地获得人类心理与行为的规律性。这也符合杨中芳提出的"本土研究进路"的思想:首先,以实际观察当地人日常生活的活动及行为现象为研究素材,寻找值得做

---

① 杨中芳.试论如何深化本土心理学研究.兼评现阶段之研究成果[J].本土心理学研究,1993(1):122-183.

② 汪凤炎.中国文化心理学:研究意义、内涵与方法[J].江西社会科学,2017,37(9):5-13.

研究的主题;其次,用当地人熟悉和惯用的概念、想法及经验为理论构想的基础来建构理论;再次,根据当地人自身的文化社会历史,寻求理解其心理及行为现象,并依此描述及解释其心理及行为现象背后的心理意义;最后,研制适合当地人的研究程序及工具,开展实证研究,从而建立对当地人而言更贴切、适用的心理知识体系。[①]本土研究进路是一种在做中国文化心理学研究时的思考方向、切入点或思路,把研究中国人自身的文化社会历史脉络放进对其心理及行为的观察及探研之中。由此可见,研究中国人的谦虚心能够提高中国文化心理学研究的深度,增强中国文化的影响力和生命力,进而促进中国特色心理学的建设与发展。另外,通过对中国人谦虚心的系列研究,从博大精深的中国传统文化中挖掘出一些中国人谦虚心的心理学思想,以弥补中国当代心理学实证的不足,这些能够体现出研究中国文化心理学的现实意义和实践意义,对于促进中国心理学的发展有着深远意义,对提高中国心理学研究在世界心理学研究大家庭的地位和话语权也有一定的价值。

第三节 如何研究中国人的谦虚心

一、研究思路

中国社会心理学研究者在对中国人的社会心理与行为进行研究时,长期困惑的难题是以什么样的框架、什么样的模式、什么样的方法来研究、揭示和解释中国人的心理与行为。杨中芳提出了研究中国本土心理学的三种策略:一是"由叶至根"的研究策略,即先观察在当地生活的人们的心理活动及现象,从中发现一些独特的样式,之后再转向时间向度,追寻其传统的根源;二是"从根至叶"的研究策略,即由传统根源中发掘出其对某类心理活动及现象的各种看法及理论之后,用之作为观察及解释当地人现代生活中所显现的心理活动及现象的研究架构;三是"在叶中寻根"的研究策略,即从人们日常生活所显现的活动及现象中,寻求可以用来理

---

① 杨国枢,黄光国,杨中芳.华人本土心理学:上[M].台北:远流出版事业股份有限公司,2005:100.

解其具体行为的意义系统。①这三种策略中,中国本土心理学更侧重于运用第一种策略,大部分中国人的本土心理学的研究成果也都是运用"由叶至根"的研究策略完成的。如果从杨中芳提出的三种策略的角度进行考量,纵观现在有关谦虚心的研究,我们发现仍然有某些欠缺之处:对中国人谦虚心的研究多为描述或理论思辨,缺乏深入的、系统性较强的实证研究;一些有关探讨中国人谦虚心的文章或著作虽然对谦虚心有所涉及,但多数仅停留在"心灵鸡汤"、哲学思辨等层面,缺乏深入系统探索中国人谦虚心的心理机制的研究;有关谦虚心与其他心理变量,如人格、人际交往、自尊等关系的实证研究也不是很多。

本书以中国传统的谦虚心和西方谦虚思想为重要思想来源,并在此基础上先建构出中国人谦虚心的理论雏形,然后再进行适当的验证性研究,从而最后建构出专门用来解释中国人谦虚心的心理和行为的理论。依此,本书将理论探讨与实证研究结合起来,具体研究思路如下。

首先通过理论探讨,力图从理论上解决如下几个问题:

(1) 什么是中国人的谦虚心?

(2) 中国人谦虚心的心理结构是什么?

(3) 中国人谦虚心是怎样形成与发展的?其心理机制是什么?影响谦虚心形成与发展的因素是什么?

(4) 谦虚心在中国人的道德修养与道德教育中有什么作用?谦虚心产生作用的过程是怎样的?

(5) 如何有效地培育中国人的谦虚心?

其次通过具体的实证研究,将理论建构中的一些核心观点做进一步的验证性研究,从而增强谦虚心理论的科学性,改变以往对谦虚心的探讨主要停留在哲学思辨角度上的状况。概括来说,我们将通过多种实证手段试图对中国人谦虚心的核心观点进行验证性研究:

(1) 从"心理实体"或"心理实在"以及"有与无"的角度来看,坚信中国人向来崇尚谦虚心,且谦虚已成为中国人的集体潜意识。

(2) 认为谦虚心是中国优秀的传统文化,亦是传统美德,值得进一步继承和发扬,且谦虚心对中国人来说具有普遍性,不存在性别等人口学变量的差异性。

(3) 谦虚心是中国人的一种典型人格特质,其内在心理机制具有整体性、系统性、复杂性。

(4) 中国人的谦虚心不同于西方人的谦虚思想,中国人的谦虚心受到中国传统文化,特别是传统道德文化、礼文化、中庸文化等影响,形成了中国特色的谦虚

---

① 杨国枢,黄光国,杨中芳.华人本土心理学:上[M].台北:远流出版事业股份有限公司,2005:93,100.

心,对建立和维护中国人和谐的人际关系起到非常重要的作用。

二、研究方法

心理学研究的具体方法有很多,在遵循基本原则的条件下,具体要采用什么样的研究方法,要根据研究目的来确定。每一种研究方法都有其优劣,我们根据研究目的选择了以下四种研究方法。

(一)语义分析法

语义分析法(method of semantic differential)是运用语义区分量表来研究事物意义的一种方法,最早由美国心理学家奥斯古德(C. E. Osgood)及其同事提出。在实施时,被试在一些意义对立的成对形容词所构成的量尺上,对一种事物或概念进行评量,以了解该项事物或概念在各方面所具有的意义及其"分量"。[①]该方法以纸笔形式进行,要求被试在若干个七点等级语义量表上对某一事物或概念(如汽车、邻居)进行评价,以了解该事物或概念在各被评维度上的意义和强度。等级序列的两个端点通常是意义相反的形容词,如诚实与不诚实、强与弱、重要与不重要。

在中国文化心理学研究中,最早运用语义分析法的是南京师范大学汪凤炎教授,他在长期的研究过程中逐渐提炼出一种研究中国文化心理学的重要方法,被称为"汪氏语义分析法"。这与奥斯古德等人提出的语义分析法虽然称谓相近,但二者的内涵与操作过程却不一样。"汪氏语义分析法"指先分析某一字的字形特点及其中所蕴含的意义(尤其是心理学含义);接着从历史演化的角度剖析此字的原始含义及其后的变化义,从而澄清此术语的本来面目;然后再用心理学的眼光进行观照,界定此术语在心理学上所讲的准确内涵或揭示其所蕴含的心理学思想。由于汉字本身是一种充满心理学意蕴的文字,是记载中国人心理与行为方式及其特点与规律的"活化石"之一,因此,语义分析法就成为研究中国文化心理学的一种重要方法。语义分析法是揭示汉字的丰富心理内涵、准确把握中国人心理与行为规律的一条有效途径,也是准确理解汉字本身的含义、用汉字来准确表达心理学术语及心理学思想的前提。[②]在研究过程中,对于某一概念进行语义分析时,其具体做法一般有如下步骤:

---

① 张述祖,等.西方心理学家文选[M].北京:人民教育出版社,1984:578.

② 汪凤炎,郑红.中国文化心理学[M].3版.广州:暨南大学出版社,2008:37-39,67-74.

第一步:将某一汉字或术语在中国历史上曾经使用过的各种名称尽可能全面地罗列出来,然后依据下面的三个标准从中选出一个最具代表性的词作进一步分析:① 在中国汉字史上出现时间的早晚和持续时间的长短——出现时间越早,持续使用时间越长,往往越具有深厚的文化底蕴;② 使用人数的多寡——使用人数越多越具有代表性;③ 今天是否仍在广泛使用它——如果今天仍在广泛使用,说明其至今仍具有强大的生命力。例如,在中国汉字史上,指称“我”的字和词有多种,不过,其中只有“我”字完全符合上述三个标准,即“我”在甲骨文中就已出现,出现时间非常早;“我”字自出现后,到今日为止,仍被中国人经常使用,不但使用人数最多,而且显示出强大的生命力。

第二步:通过查找《汉语大字典》等工具书,将这些名称(如“我”)在中国历史上曾经使用过的含义(用法)尽可能全面地列出来。

第三步:根据其含义,将其中带有封建色彩的用法(如“寡人”“朕”)、带有方言色彩的用法(如“俺”)和名异实同的用法(如“余”)一一剔除,选取一个在历史上使用时间长且至今仍广泛使用、内涵最具代表性、能较好地与现代心理学中相关的术语进行匹配的概念或用语(如“我”)做进一步分析使用。

第四步:仔细分析这一概念或用语的诸种含义。先考察这一概念或用语的原始含义,再理清其后的变化义。较为常用的做法是,通过查阅一些经典的工具书,如《说文解字》等,查找这一用语的最古写法(一般是指甲骨文或金文的写法),将二者结合起来分析其诸种含义。

第五步:用心理学的眼光谨慎地审视这一用语(如“我”)的所有含义,将其中确有把握的与心理学没有关系的含义剔除(如作为姓氏的“我”与心理学没有关系,就先将其剔除)。

第六步:将余下的诸种含义与西方心理学的相关术语(如 self)的含义进行比较,看看其在哪些方面与西方心理学相应的术语的含义相通,在哪些方面与西方心理学相应的术语的含义有所不同。

第七步:最后做一心理学上的界定,指明后文所讲的此术语在心理学上的确切含义(具体用法可参看本书后文的相关章节,如“中国人的自我观”里对“我”所做的“语义分析”)。

(二) 观察法

观察法(observation method)是心理学研究的重要方法之一。研究者在自然条件下对表现心理现象的外部活动进行有系统、有计划的观察,并从中发现心理现象产生和发展的规律性,也叫作自然观察法。其实质不仅在于记录心理活动的事实,而且在于分析其发生发展的原因。观察法的优点是研究者能够直接在日常生活中进行,所获得资料的可靠性较高;操作起来简单易行,不受工具条件限制;适用性较为广泛。其缺点表现为:① 在自然条件下,事件很难严格按相同的方式重复出现,因此,对某种现象难以进行重复观察,而观察的结果也难以进行检验和证实;② 在自然条件下,影响某种心理活动的因素是多方面的,因此,对于用观察法得到的结果,往往难以进行精确的分析;③ 由于对条件未加控制,观察时可能出现不需要研究的现象,而要研究的现象却没有出现;④ 观察容易导致"各取所需",即观察的结果容易受到观察者本人的兴趣、愿望、知识经验和观察技能的影响。

观察法一般在下列情况下采用:① 对所研究的对象无法加以控制;② 在控制条件下,可能影响某种行为的出现;③ 由于社会道德的要求,不能对某种现象进行控制。①要使观察法富有成效,则必须长期有计划地进行,观察时要做精确的记录,必要时可以拍照、录音或录像等,以便进一步分析研究。观察法的设计与实施程序如下。

1. 确定观察目的和对象

一是确定观察目的。在执行观察任务之前,要弄清观察的目的是什么,对观察目的做出明确的规定,以便能集中、深入地观察。一般来说,观察要围绕一个中心进行。二是要确定观察对象。首先确定观察对象的总体范围;其次确定观察对象的代表性样本;最后确定观察样本的具体心理和行为现象。

2. 制定观察计划

根据研究的问题和目的,制定一个观察计划,主要包括以下几个方面:计划观察内容、对象、范围;计划观察的具体时间、每次观察时长、次数;计划观察的地点、场景等;观察所采用的方式、手段、工具等;观察中可能出现的问题,预设处理策略等。

3. 设计观察提纲

观察计划制定之后,应该提出更加细致具体的观察提纲。观察提纲的设计是为了使观察者明确观察的目的、任务、对象等。观察提纲具体包括以下几个方面:① 观察"谁",就是所观察的对象是什么人,所观察对象的基本特征、所做的事情、所处环境、心理行为表现等;② "何时"观察,就是所观察对象的心理和行为发生的时间、持续时长、发生频率等;③ "何地"观察,就是有关行为发生在哪里,以及这个地方的特征是什么;④ "如何"发生,就是有关行为或事件是如何发生的,其规范和运作机制是什么;⑤ "为什么"发生,就是这些行为或事件发生的原因是什么,相关人员对此的目的、态度、动机是什么。

① 彭聃龄.普通心理学[M].4版.北京:北京师范大学出版社,2012:18-19.

4.观察的实施

上述观察准备工作完成之后,就到了观察的实施阶段:① 应该按照观察计划进行,不要轻易地超出原定的范围,也不要随意改变观察的重点。如遇到原定计划不妥之处,应按照计划中的预期措施对原计划做适当修改,但其目的仍是力求妥善地、科学地完成既定的观察任务。② 有效地进行实际观察。实际观察就是观察实施的具体过程。进行实际观察时,首先要选择好进入方式,在保证不影响观察对象的常态情况下,选择最佳的观察视角。研究者要善于辨别重要或无关的因素,更要善于抓住引起各种现象的原因,也要与观察对象建立友善的关系;其次研究者要做好观察记录,研究者应选择恰当的记录方式,记录要及时、全面、详尽、有序、准确。

5.观察资料的整理

观察记录做好之后,就要对记录进行整理。首先对观察资料进行全部审核,看观察资料是否收集全面;然后审查资料,看所收集的观察资料是否有效;最后分类归档,并详细说明要解释的内容等。

(三) 自我报告法

自我报告法(self-report measures)又称自陈法,是心理学研究中最常用的收集资料方法之一。自我报告法是指先让被试通过自我陈述(说或写)的方式回答问题,然后研究者对被试所回答的问题进行量化分析,以此研究被试心理与行为规律的一种方法。众所周知,人的心理现象大多是不能被直接观察到的,具有内隐性。因此,为了获得被试这些无法通过直接观察得到的心理现象的数据,一般会采用自我报告法。自我报告法主要包括访谈法与问卷法。

1.访谈法

访谈法是针对特定的科学目的,根据一定的研究设计和编制原则来实施资料收集的过程,是研究者通过与被试的交谈来收集心理特征与行为数据资料的一种研究方法。它是心理学研究中运用较为广泛的研究方法之一。访谈研究在心理学研究中的特殊意义和作用是由心理学研究对象的特殊性所决定的。目前,访谈法广泛地运用于心理学的各个研究领域中。

访谈法主要采取"主试问＋被试说,然后主试记录被试的反应"的形式。访谈可以是书面的(即问卷调查),也可以是口头的(被试说,主试记)。当然,更多的情况下最好将上述两种方法结合起来使用。其具体操作步骤主要包括确定访谈目的、设计访谈形式、选取与训练访谈人员、分析访谈结果等。

（1）确定访谈目的

首先就是要明确研究的问题，即访谈的目的，并将其进一步具体化，即确定访谈研究所涉及的各种变量。一般而言，研究目的是研究所要达到的总目的，因而要对研究主题、研究内容、研究范围、研究对象等做出一些限定。但是，研究目的往往又比较笼统、概括，对同一研究主题，可以从不同的角度进行研究。故此，当运用访谈法进行研究设计时，既要将一个比较笼统的大的研究目的细化，也要把问题具体化成一个限定的研究目的和问题，并提出自己对研究问题的各种具体假设；然后再根据这些具体的研究假设，尽量详细地列出研究所涉及的各个变量的类别与名称，进一步明确研究问题，并检验研究假设需要收集哪些方面的信息。做好这一步工作需要列出一个研究变量简表，这将有助于研究者思考和防止遗漏。为此，需要研究者认真查阅与访谈主题有关的文献，从中汲取有价值的东西，并深入实际进行初步的了解和调查；在此基础上，选择访谈研究的侧重点，详细列出研究变量。确定访谈目的这一步工作将直接影响到以后的设计工作和整个研究的质量。

（2）设计访谈形式

确定访谈目的之后，研究者就需要考虑访谈的具体形式。具体包括访谈问题形式和回答方式两个方面。

其一，访谈问题形式的设计。在访谈法中，访谈问题的形式有封闭式问题和开放式问题两种。封闭式问题要求被试在确定的几个选项中选择一个或几个最适合的答案，如"你认为你和同学的关系：A. 非常融洽　B. 一般　C. 不融洽"。开放式问题则要求被试结合实际用自己的语言来做出回答，如"请你谈谈你和同学的关系"。在具体研究中，要根据研究的目的、被试的情况、访谈者的知识经验等方面，选用合适的形式。

其二，回答方式的设计。拟定具体的访谈问题形式之后，还需要考虑让被试以何种方式对问题做出回答。对于同一访谈问题，可以有不同的回答方式。如访谈被试的年龄信息时，可以通过填空形式（你的年龄是＿＿＿岁），也可以通过提供一系列的年龄组，让被试选择符合自己的年龄组（你的年龄在：A. 10～15 岁　B. 16～20 岁　C. 21～25 岁）。对于具体访谈的问题也可以采用发散式的回答，如"你认为影响你与同学的人际交往因素有哪些"等。总之，访谈是为了获得研究所要收集的必要信息，具体形式应依据研究目的进行选择。

（3）选取与训练访谈人员

一般人认为访谈法比较简单，其实不然。从某种程度上说，它是难度较大的方法之一。因为，在运用访谈法的研究过程中，存在着访谈者与被试之间的交互作用问题。访谈者与被试之间交谈的相互作用，使得他们沟通的每个过程都可能带有个体的主观性和片面性，从而影响收集信息的可靠程度。所以，采用访谈法进行研究时,研究者要考虑到,选取的访谈者要经过严格的培训和训练,以避免对调查结果产生不良影响。好的访谈者应该对社交中发现的信息敏感,对社交过程也十分敏感,访谈者与被试应建立和谐的、积极的合作关系,并努力取得被试的信任,这样被试才会真实地与访谈者分享个人信息。

(4) 分析访谈结果

根据访谈目的的不同,对于访谈结果可以做定性分析,也可以做定量分析,具体见表1.3。

表1.3 分析访谈内容的方法①

分析方法	评价
获得总的问卷或量表的分数	研究者可能在访谈中完成结构化问卷;可直接进行假设检验
频率统计、特定术语的编码、主题、访谈内容中出现的概念	开放式回答的内容分析的一部分;可检验评价者信度
根据详细的评分系统用明确的标准计分	用于开放式问卷,需要培训评价人;可检验评价者的信度
定性分析(用编码程序)	如主题分析、理由充分理论、谈话分析技术、演讲分析

2. 问卷法

问卷法是心理学研究中广泛运用的方法之一,是通过由一系列问题构成的调查表收集资料以测量人的行为和态度的研究方法。不同于观察法和实验法,问卷法主要是询问被试对某一心理现象、社会事件等方面的态度和观点,可以包括知识、行为、个人体验、环境等问题,也可以包括职业、学历、年龄、性别等人口学变量信息。

问卷法主要的工具就是调查问卷,其基本结构主要有以下几个方面。

首先是问卷的标题。问卷的标题即问卷的名称或题目,问卷的标题对于了解问卷具有重要的作用。被试可以根据问卷的标题简单地了解问卷的性质或目的,例如,青少年学习倦怠问卷、大学生网络成瘾问卷等等。

其次是指导语。指导语可以向被试说明问卷的性质、目的以及作答要求,它是问卷结构中必不可少的部分。一般情况下,指导语的内容主要包括两个部分:第一部分是说明问卷的性质与目的;第二部分是说明作答的方式和要求,通常置于每一类问卷内容之间。如果只有一种类型的话,这一部分的指导语也可以置于第一部分的指导语中。通常情况下,指导语置于问卷标题之后和问卷内容之前。总之,指导语是为了说明问卷中一切可能使被试不清楚、难理解的地方。对于指导语的编

① 艾森克.心理学:一条整合的途径[M].阎巩固,译.上海:华东师范大学出版社,2000:1088.

写最基本的要求是尽可能简明易懂。

再次就是问卷的问题与答案。问题与答案是问卷的核心内容,也是问卷研究设计的主要问题。被试的特征、行为和态度等资料基本上是通过问题和答案来收集的。问卷中的问题在形式上可分为开放式问题和封闭式问题两类:所谓开放式问题,就是要求被试根据自己的情况和感受来自由回答的问题;所谓封闭式问题,就是每个问题给出若干个可能的答案,被试可以根据自己的实际情况从中选择一个作为答案。

最后是问卷设计的其他资料。

除了上述内容外,问卷还包括一些与研究有关的资料,如问卷的名称、编号、问卷发放及收回的日期、问题的预编码等。

其研究步骤一般是:先确定问卷调查的目的和内容,再根据研究内容分解出需要调查的心理特质的维度,最后根据维度细化编制出问卷题项,并以此建构一个调查表(即问卷或量表)。问卷的编制与测试是问卷法实施和调查结果科学性和有效性的关键,若编制或使用的调查问卷本身存在偏差,则由此得到的研究结果或结论就难以令人信服。通常情况下,在进行问卷调查的同时,研究多辅以观察法和访谈法,这样做的目的是能够获得更多、更详细的数据信息。

虽然在社会心理学调查研究中,研究者依赖各种各样的自我报告法收集所要的数据资料,但自我报告法也有其局限性。著名的华人社会心理学家杨中芳教授曾指出,由于中国人的"社会指向性"较高,很担心自己在别人心中留下不好的印象,也很不习惯在陌生人面前表露自己真正的看法及行为。[①]在研究环境中,中国被试者很容易将研究者看成一个"陌生人",并将研究环境当成一个陌生的社会环境。而中国人在较为陌生的社会环境中,通常采用的行为准则是遵守"社会赞许"的法则:尽量说些客套话,不说伤害和得罪别人的话,不做积极或偏激的反应。因此中国被试者在回答顺序型问卷时,习惯选择接近中点值的选项。另外,中国被试者在回答问题时,也会考虑以不损害自己或他人面子为反应基准。这都说明过分依赖问卷法,事实上是很危险的。不过,虽然自我报告法存在这些缺陷,但是只要研究者能够妥善处理,尽量避免或减少自我报告法的这些缺点,还是可以通过自我报告法收集数据来发现中国人的某一心理与行为规律的。

(四)内隐联想测验

社会心理学中的双重态度模型理论认为,人们对同一态度对象同时存在外显

---

① 杨中芳,赵志裕.中国受测者所面临的矛盾困境:对过分依赖西方评定量表的反省[J].中华心理学刊,1987,29(2):113-132.

态度和内隐态度。外显态度可以运用上述自我报告法等进行研究。但由于自我报告法是建立在被试内省的基础上进行直接测量的,并且所要报告的内容可能涉及被试的个人隐私的态度和看法,显然会受到个体内在的正确性、价值取向、社会赞许性等诸多因素的影响,可能会导致测量评价结果产生一定的误差,因此自我报告法难以得到被试内心的真实想法。为避免上述自我报告法测评结果的局限和不足,有学者研发出一种新的实证研究方法,即内隐社会认知研究方法。内隐社会认知研究领域采用了一系列的间接测量方法。内隐联想测验(Implicit Association Test,IAT)就是被广泛应用的间接测量方法之一,国内外通过大量的研究证实该方法具有较高的信效度。内隐联想测验是由格林沃尔德(Greenwald)于1998年提出的。内隐联想测验以反应时间为指标,通过一种计算机化的分类任务来测量两类词(概念词与属性词)之间的自动化联系的紧密程度,继而对个体的内隐态度等内隐社会认知进行测量。①

内隐联想测验的主要测验原理是:当两个概念关联程度紧密时,个体就容易对其做出同一反应,个体对两个概念的加工时间就会较短。反之,两个概念关联程度不紧密或存在冲突时,个体对其做出同一反应则较为困难,个体对两个概念加工的时间就会较长。内隐联想测验的操作是以个体对两个概念加工的反应时间为指标,通过分类任务来测量概念词与属性词之间的自动化关联紧密程度,实现对个体的内隐态度等进行的间接测量。②格林沃尔德曾以"花-虫"为概念词为例对内隐联想测验进行了举例,认为内隐联想测验的基本程序有七步:第一步,呈现概念词(concept words)的样例,要求被试尽可能快地对呈现的概念词进行辨别分类,由系统记录反应时间。如在"花-虫"测验中,概念词为"花"或"虫",样例为某种花或虫的图像。第二步,对属性词(attributive words)的样例进行归类反应,同样要求被试尽可能快地对呈现的属性词进行辨别分类,记录反应时间。如在"花-虫"测验中,属性词为褒义词或贬义词,褒义词如"漂亮""芬芳"等,贬义词如"恶心""讨厌"等。第三步,联合第一步,要求被试对概念词与属性词的联合做出反应,由于概念词和属性词之间可能存在两种关系,即相容和不相容,因此,在内隐联想测验中通常设置两个联合任务,即相容任务和不相容任务。相容任务就是指概念词与属性词的联系与被试内隐的态度一致,如相对于"虫"这一概念来说,被试对"花"的态度更为积极,那么,"花"(概念词)和褒义词(属性词)的关系为相容任务,"虫"(概念词)和褒义词(属性词)的关系为不相容任务。但是在实施内隐联想测验之前,被试可能

① Greenwald A G,McGhee D E,Schwartz J L K. Measuring individual differences in implicit cognition: the implicit association test[J].Journal of Personality & Social Psychology,1998,74(6): 181-198.

② 蔡华俭.Greenwald提出的内隐联想测验介绍[J].心理科学进展,2003,11(3):339-344.

无法知道哪个联合是相容的或不相容的,所以在这里仅称为联合任务一和联合任务二。对于"花-虫"测验来说,在联合任务一中,要求被试在"花"的图像和褒义词共同出现时,按左键;在"虫"的图像和贬义词共同出现时,按右键。第四步,对联合任务一进行测试。第五步,为了配合联合任务二的实施,交换左右键反应的内容,再次要求被试对概念词进行反应。第六步,联合任务二进行测试,内容和联合任务一的反应内容正好相反。第七步,对联合任务二进行测试。

内隐联想测验是一种相对测量,使用概念词和属性词的互补对,考察某一目标对象相对于另一目标对象而言与某一属性的联结程度。由于内隐联想测验同时对两个相对的态度目标进行测量,测验所使用的概念词和属性词的关系处于相容和不相容的两个极端,增加了其敏感性,从而扩大了内隐效应。正是因为使用了相对的目标类别,在测量对象和对测量结果解释方面也存在一定的问题。在测量对象上,内隐联想测验仅能测量联想的互补对之间的相关程度,而不是单个联想的绝对强度。所以若只测量单一对象的内隐态度,内隐联想测验将无法解决。比如,研究者想测量被试对股票的内隐态度时,很难找到互补的对象,这时经典内隐联想测验无法实现。即使找到互补的概念词,所得出的仅仅是相对态度,研究者并不知道被试对其中每个对象的具体态度。在对测量结果的解释上,较高的内隐联想测验效应可能是因为被试对两类态度目标分别为积极的和消极的态度,但也可能对两者都是积极的或都是消极的态度,只是程度不同。这样就会出现解释的多种可能性和结果的不确定性,无法获得关于被试态度的可靠信息。

鉴于上述内隐联想测验的不足,卡尔平斯基(Karpinski)等[1]对经典的内隐联想测验进行了改进,在其基础上提出了单类内隐联想测验(SC-IAT),用以测量单一目标类别和属性维度之间的联结强度。在心理学中,对事物相对态度的内隐研究固然需要,但对事物整体态度的内隐研究也是非常必要的。采用SC-IAT可以得到个体对自己态度的整体评价。SC-IAT被修正后能够用来对内隐刻板印象和内隐社会认知的其他方面进行测量,如对内隐性别态度、性别同一性和自尊的测量。以对女性的态度为例,表1.4表明了经典内隐联想测验(IAT)和单类内隐联想测验(SC-IAT)的设计程序的区别。

与自我报告法相比,内隐联想测验至少具有两大优点:一是较少受到社会赞许、价值观、期望等个体主观因素的影响,能够更有效地测量人们能意识到的但又不想报告的态度,比如,对女性的偏见,对"富二代""官二代"的偏见,对地域的偏见,对艾滋病群体的偏见等;二是能够更有效地测量人们处于意识之外而无法直接报告的内隐态度,比如,无意识中的自杀意念等。而且,已有研究表明,内隐联想测

---

① Karpinski A,Steinman R B. The single category implicit association test as a measure of implicit social cognition[J]. Journal of Personality & Social Psychology,2006,91(1):16-32.

验在研究中国人的内隐态度上取得了丰硕的成果,并具有较好的信度与效度。[①]因此,在中国文化心理学和社会心理学研究中巧妙地运用内隐联想测验法,能更好地帮助中国人了解自我、认识自我,同时,也能为探究中国人的内隐心理机制发挥独到的价值。

表1.4 IAT和SC-IAT的程序比较

组块	刺激数	功能	反应		组块	刺激数	功能	反应	
IAT(测量女性和男性)					SC-IAT(只测女性)				
			按左键	按右键				按左键	按右键
1	30	练习	积极词	消极词	1	24	练习	积极词+女性	消极词
2	30	练习	女性	男性	2	72	测验	积极词+女性	消极词
3	30	练习	积极词+女性	消极词+男性	3	24	练习	积极词	消极词+女性
4	30	测验	积极词+女性	消极词+男性	4	72	测验	积极词	消极词+女性
5	30	练习	男性	女性					
6	30	练习	积极词+男性	消极词+女性					
7	30	测验	积极词+男性	消极词+女性					

① 杨紫嫣,刘云芝,余震坤,等.内隐联系测验的应用:国内外研究现状[J].心理科学进展,2015,23(11):1966-1980.

第二章 ｜ 中国人谦虚心的内涵

　　"谦虚"是中国传统文化中的一个重要概念,也是中国传统美德之一,中国人崇尚谦虚心由来已久,中国人谦虚心的产生、发展有着深厚的文化渊源。因此想要准确地了解和研究中国人的谦虚心,需要先从文化根源上对"谦虚"的内涵以及中国传统文化中的"谦虚心"的文化内涵进行深入探究。依照"由根到叶"的研究思路,本章运用中国文化心理学经典的研究方法——语义分析法的步骤,先从"谦""虚"和"逊"("谦虚"的同义词"谦逊")三个字的字形、本义、引申义开始分析,然后对"谦虚"和"谦逊"这两个词语的意义变迁进行分析,再逐步探索传统谦虚心思想的精义,最后在此基础上诠释传统谦虚心在处理人际关系方面的内涵与价值规范,以此深入了解、分析中国人谦虚心的深刻内涵。

第一节　谦虚的语义分析

　　汉字是中国文化鲜明的表征之一,也是中华民族精神的底蕴;它是传承中国文化必不可少的工具,也是中华民族自古至今所传承下来的一种不可多得的文化。中国文化的源流与发展都能从汉字及其字形的演变中找到根源。要准确厘清"谦虚"的含义,就要先从组成"谦虚"这个词的"谦"和"虚"二字,还有"谦虚"的同义词"谦逊"的"逊"字逐个说起。

一、"谦"的语义分析

（一）从字形上释"谦"

对于"谦"字，《汉语大字典》仅列出了"谦"字的两种字形变化，如图2.1所示。

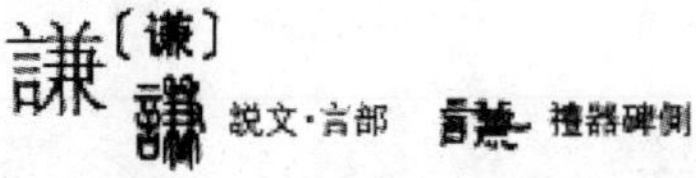

图2.1　"谦"字字形变化图[①]

图2.1中所列"谦"字字形最早的写法取自《说文》，但文中并没有列出"谦"字字形更早的写法。为了弄清"谦"字是否还存在更早的写法，我们查阅相关甲骨文与金文的工具书[②]，仍没有发现甲骨文和金文里有出现"谦"字的写法，这说明"谦"字可能是一个较晚出现的字。由这个事实看，中国人的谦虚之心也不是与生俱来的，而是随着中国文明的不断推进才出现的。

如图2.1所示，"谦"字在字形上看是一个合体字，即由一个"言"与一个"兼"合成。最初的"谦"字出现在篆书当中写作"䜴"，其构成是▇（言）＋▇（兼）。后来的隶书▇将篆文的▇写成言，▇写成了▇。"谦"，在《说文解字》中的解释是："谦，敬也。从言，兼声。"[③]也就是说，"谦"是形声字，"言"表"谦"字的意义，即用言语表达自己的欠缺、不足；"兼"表"谦"字的声音。"谦"的主要意思是：对自己表示欠缺，对他人表示恭敬。

既然从字源上看，"谦"字是由"言"和"兼"组成的，那么接下来就把"谦"拆分为"言"和"兼"来进行分析。

首先分析"言"字，图2.2是"言"字字形的变化图。

"言"字是一个较早出现的字，在甲骨文中写作▇或▇，是象形字。从字形上看，"言"字是在▇（舌）的舌尖位置加一短横▇，这是表示用舌头发出声音的动作，其造字本意为鼓起舌头说话。金文的▇（言）将甲骨文的▇（舌）写成了▇，再

---

① 汉语大字典编辑委员会编纂.汉语大字典：九卷本[M].2版.成都：四川辞书出版社，2010：4272.

② 包括《殷墟甲骨文实用字典》《甲骨文字典》《金文常用字典》《简明金文词典》等。（马如森.殷墟甲骨文实用字典[M].上海：上海大学出版社，2008；徐中舒.甲骨文字典[M].2版.成都：四川辞书出版社，2006；陈初生.金文常用字典[M].西安：陕西人民出版社，2004.）

③ 许慎.说文解字[M].北京：中华书局，1963：53.

加短横■。篆文的言是在金文的 （言）之上再加短横■。隶书简写成 ，完全失去舌形。①《说文解字》中对"言"字解释是："言，直言曰言，论难曰语。从口，平声。凡言之属皆从言。"②可以看出，"言"字是个象形字，形容人鼓起舌头说话之意。

图2.2 "言"字字形变化图③

再来看作为声部的"兼"字，图2.3是"兼"字字形的变化图。

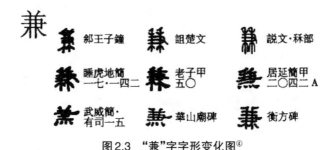

图2.3 "兼"字字形变化图④

在图2.3中并没有列出甲骨文中的"兼"字，说明"兼"字在甲骨文中没有相应的字，但"兼"字在金文中已经出现，即 （兼），从字形上很容易看出其结构：（两株禾苗）＋（又，用手抓握）。篆文中 （兼）继承了金文的字形。隶书中 （兼）变形失去了"禾"的形象。（兼）字形可解释为："两株禾苗中加一只手，表示一只手兼持两棵庄稼，又引申为做两件事情或同时具有两件东西。"⑤而《说文解字》对"兼"字的解释是："兼，并也。"⑥即合并的意思，指两者兼顾。

那么，结合上述"言"和"兼"的分析，将言和兼合起来，"谦"字的意思可以解释

① 沈亚明，黄瑜.体解《易经》修佛道[M].上海：上海社会科学出版社，2013：330.

② 许慎.说文解字[M].北京：中华书局，1963：51.

③ 汉语大字典编辑委员会.汉语大字典[M].2版.成都：四川辞书出版社，2010：4192.

④ 汉语大字典编辑委员会.汉语大字典[M].2版.成都：四川辞书出版社，2010：127.

⑤ 沈亚明，黄瑜.体解《易经》修佛道[M].上海：上海社会科学院出版社，2013：68，368.

⑥ 许慎.说文解字[M].北京：中华书局，1963：146.

为:手拿着两株稻禾说话。这个形象有两方面均衡考虑后再发言的意思,有两者兼顾、平衡、中道的意思。《汉字字源:当代新说文解字》认为"谦"是由"言"和"兼"构成的。其意为说话时要兼顾对方的利益和要求,由此产生谦让之意,其造字原理中包含了尊重对方的思想。①人与人交往存在利益关系时,言辞和行为上应该注重谦让,这是其原始含义。这和《易经》中的"地中有山,谦。君子以哀多益寡,称物平施"②相符合。损有余而补不足,称量财物平等施予,这都是在讲"均衡",在讲"中庸"精神。而这种精神,正是一系列和"谦"字有关的词语(如谦恭、谦卑、谦虚、谦逊、谦厚、谦和、谦让、谦辞等)的底蕴和底气之所在。③

(二) 从字义上释"谦"

"谦",在《说文解字》中的解释是:"谦,敬也。从言,兼声。"④综合《汉语大字典》⑤和《辞海》⑥的解释:"谦"字的读音有两种,一种读 qiān。《广韵》:"苦兼切,平添溪。谈部。"另一种读 zhàn。《集韵》:"直陷切,去陷澄。"第二种读音的意思不是本书研究的范围,故只讨论读 qiān 的意思。谦(读 qiān)的解释主要有以下几种:

① 谦虚;谦让;谦逊。《说文·言部》:"谦,敬也。"《玉篇·言部》:"谦,轻也,让也。"《字汇·言部》:"谦,不自满也。"《书·大禹谟》:"满招损,谦受益。"《后汉书·隗嚣传》:"嚣不欲东,连遣使深持谦辞,言无功德,须四方平定,退伏闾里。"

② 丧失;虚空。卷子本《玉篇·言部》引《苍颉篇》:"谦,虚也。"《逸周书·武称》:"爵位不谦,田宅不亏。"孔晁注:"谦,损也。"清戴名世《老子论下》:"则于福祸之相倚,盈谦之相越,天道人事之得失,谆谆乎反覆言之而深切不见有谬戾,圣人者也。"

③ 六十四卦之一。卦型为☷,艮下坤上。《易·谦》:"地中有山,谦。君子以哀多益寡,称物平施。"

④ 通"嫌"。嫌疑。《荀子·仲尼》:"贵而不为夸,信而不处谦。"杨倞注:"谦,读为嫌。得信于主,不处嫌疑间,使人疑其作威福也。"

⑤ 通"兼"。同时涉及。《墨子·明鬼下》:"此二子者,讼三年而狱不断。齐君由

① 窦文宇,窦勇.汉字字源:当代新说文解字[M].长春:吉林文史出版社,2005:45.
② 张善文.周易辞典[M].上海:上海古籍出版社,1992:749.
③ 同①.
④ 许慎.说文解字[M].北京:中华书局,1963:53.
⑤ 汉语大字典编辑委员会.汉语大字典[M].2版.成都:四川辞书出版社,2010:4272.
⑥ 夏征农,陈至立.辞海[M].6版.上海:上海辞书出版社.2009:1294.

谦杀之,恐不辜;犹谦释之,恐失有罪。"

⑥ 通"慊"。满足。《礼记·大学》:"所谓诚其意者,毋自欺也,如恶恶臭,如好好色。此之谓自慊。"朱熹集注:"谦,快也,足也。"

⑦ 姓。《字汇·言部》谦,姓。

"谦"字的上述七种含义中,除了解释为"⑦姓"外,其他解释均充满了心理学的意蕴。其余六种解释的"谦"基本上指的是虚心、不自满、退让、低调、不自大、不虚夸、不高傲等。这些解释与《易·谦》谦卦的解释"恭敬、低调"等意思大致相同。如《周易·系辞》中说:"谦也者,致恭以存其位者也。"①即为人谦恭,才能保得住他的位置。《谦卦》中还说:"谦谦君子,卑以自牧也。"②这可能就是"谦卑"这个词最初的来源。关于"谦"的词,还有谦虚、谦逊、谦厚、谦和等。"谦"卦为《周易》的六十四卦之一,在《周易》的六十四卦中,唯有作为第十五卦的"谦卦"六爻皆吉,无一不利。王弼、孔颖达认为"谦卦之象,谦为诸行之善,是善之最极。"③谦卦内涵体现的是对自然规律、社会规律这些不以人们主观意志为转移的规律的敬畏,告诫人们"谦"首先是极其理智的自我警示与把握。谦卦(☷☶)之为卦,下艮(☶)上坤(☷),卦辞曰:"谦:亨。君子有终。"④意思是说一个人如果始终保持谦虚、卑微的态度去待人接物,那么最终必然会获得成功;或者说一个人的言行举止做到了谦逊有加,那么做任何事情都会顺利,最终获得成功。此处,要特别指出的是,"谦卦"位列"大有卦"之后,依据卦序的逻辑关系,其义为:"谦"首先是"大有",有而不居以自骄才是谦。这说明"谦"的前提是必须有本事才行,有了本事与才能而不骄傲才是谦的本质。

可以看出,中国人对"谦"的理解一般为恭敬、谦虚、满足、心安理得、谦逊等。从这些义项可以看出,"谦"字所蕴含的主要含义有"对人要恭敬;做人要谦虚、谦逊;做事要知足,做到心安理得"等。

二、"虚"的语义分析

(一) 从字形上释"虚"

"虚",《汉语大字典》仅列出了五种字形变化,如图2.4所示。

①② 周振甫.周易译注[M].北京:中华书局,2012:79,314.

③ 王弼,魏康伯,孔颖达,等.周易正义[M].上海:上海古籍出版社,1990:49.

④ 周振甫.周易译注[M].北京:中华书局,2012:79.

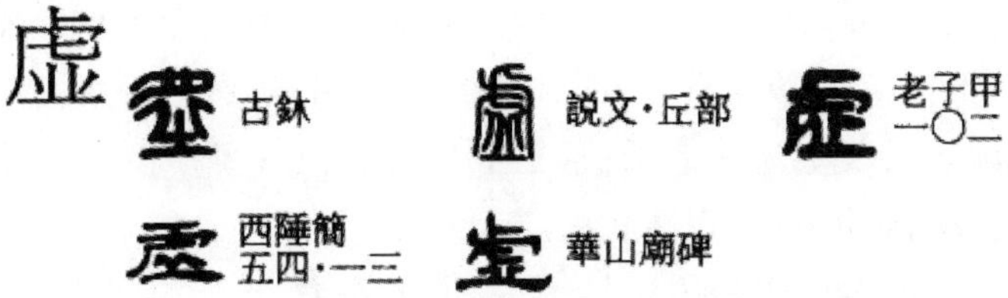

图2.4 "虚"字字形变化图①

在图2.4中,所列"虚"字字形最早的写法是金文,金文的"虚"字是"虍"的变形,由虎头(借代老虎)加两个"匕"(表示虎爪),再加"土"(地域)组成,造字本义:虎豹横行、杳无人烟的地方。篆文将金文字形中的"爪"和"土"写成了"丘"(后变作"业")。此外,虚之形符为"丘""大丘"。"大丘"与"山"义近,区别在"大丘"为"土之高","山"则为"有石而高"。二者虽同为"高"义,但"大丘"为无石而上平,故可为人居。"山"则为有石而上锐。从甲骨文看,⋀(丘)比⋀⋀(山)少一峰,亦示丘比山小。"丘",篆文像穴居两侧有空之行;以后建造简单房屋,上面蒙上兽皮作屋顶。《说文解字》中说:"虚,大丘也。昆仑丘谓之昆仑虚,古者九夫为井,四井为邑,四邑为丘,丘谓之虚。从丘,虍声。"②

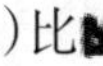

(二) 从字义上释"虚"

首先看"虚"的本义。在《说文解字》中的解释是:"虚,大丘也。昆仑丘谓之昆仑虚。""丘,土之高也。非人之所为也。"

"虚"在《汉语大字典》中主要有以下几种解释:

① 大丘,土山。《说文·丘部》:"虚,大丘也。昆仑丘谓之昆仑虚。"《诗·鄘风·定之方中》:"升彼虚矣,以望楚矣。"《史记·司马相如列传》:"崴磈嵔瘣,丘虚崛嵱。"

② 古田制名。《说文·丘部》:"虚,古者九夫为井,四井为邑,四邑为丘。丘谓之虚。"

③ 废墟。《逸周书·文政》:"无由不通,无虚不败。"孔晁注:"国无人谓之虚也。"

④ 区域。《左传·昭公十七年》:"宋,大辰之虚也。"

⑤ 市集。唐柳宗元《童区寄传》:"之虚所卖之。"

⑥ 居住。《荀子·大略》:"仁有里,义有门。仁,非其里而虚之,非礼也。"③

再看"虚"的引申义:

---

① 汉语大字典编辑委员会.汉语大字典:九卷本[M].2版.成都:四川辞书出版社,2010:3014.

② 许慎.说文解字[M].北京:中华书局,1963:169.

③ 汉语大字典编辑委员会.汉语大字典[M].2版.成都:四川辞书出版社,2010:3014.

① 空虚。《广雅·释诂三》："虚,空也。"《荀子·宥坐》："中而正,满而覆,虚而敧。"《史记·平准书》："费数十百巨万,府库益虚。"《齐民要术·种谷》："入泉伐木,登山求鱼,手必虚。"又使空虚。《老子·第三章》："虚其心,实其腹。"《史记·平准书》："于是天子遣使者虚郡国仓廥以赈贫民。"

② 空着。《史记·魏公子列传》："公子从车骑,虚左,自迎夷门侯生。"

③ 空隙;弱点。《尔雅·释诂》："虚,间也。"《孙子·虚实》："水之行避高而趋下,兵之行避实而击虚。"

④ 不足;缺损。《易·损》："损益盈虚,与时偕行。"

⑤ 饥饿。《墨子·节用》："制为饮食之法,曰:足以充虚继气,强股肱,耳目聪明则止。"

⑥ 稀少。《吕氏春秋·辨土》："不知其稼居地之虚也。"

⑦ 疏松。唐刘恂《岭表录异》卷下："乌贼鱼,只有骨一片,如龙骨而轻虚,以指甲刮之即为末。"

⑧ 天空。《管子·心术上》："天曰虚。"

⑨ 方位。《易·系辞下》："周流六虚。"

⑩ 虚假,不真实。《管子·弟子职》："志毋虚邪。"尹知章注:"虚,谓虚伪。"《楚辞·九章·惜往日》："弗省察而按实兮,听谗人之虚辞。"明康海《中山狼》杂剧:"丈人不可听信他! 这都是虚言。"

⑪ 通胆怯,怯懦(多用在理屈或没有把握的时候)。《红楼梦》第九十六回:"那个人看见贾链的气色不好,心里先发了虚了。"

⑫ 体质虚弱,生理机能衰退。如虚症;气虚。《吕氏春秋·园道》："八虚甚久则身毙。"

⑬ 中医脉象,指寸关尺三部脉举按皆无力,按之有空虚感。《脉经》："虚脉迟大而软,按之不足,隐指豁豁然空。"

⑭ 副词。徒然,白白地。《汉书·匡衡传》："是以群下更相是非,吏民无所信。臣窃恨国家释乐成之业,而虚为此纷纷也。"

⑮ 道家用语,指清静无欲的内心境界。《老子·第十六章》："致虚极。"

⑯ 指抽象的理论,如务虚。清包世臣《艺舟双楫·读亭林遗书》:"(顾)亭林之学成于贵实;予之学出于导虚。"

⑰ 独木舟。《易·中孚》："利涉大川,乘木舟虚也。"

⑱ 古代阴阳五行家用语。指每旬的第五天和第六天,与"孤"相对。《史记·龟策列传》："日辰不全,故有孤虚。"

⑲ 星名。二十八宿之一,北方玄武七宿的第四宿。有星四颗。又作"玄枵"次的标志星。《尔雅·释天》："玄枵,虚也"。

⑳ 春秋时地名。宋地名。《春秋经·桓公十二年》:"公会宋公于虚。"

㉑ 姓。《广韵·鱼韵》:"虚,姓。出包氏《姓苑》。"①

从上述"虚"的字义可以看出,"虚"的本义并不存在心理学意义,而"虚"的引申义中"① 空虚;② 空着;③ 空隙;弱点;④ 不足;缺损;⑤ 饥饿;⑥ 稀少;⑦ 疏松;⑩ 虚假,不真实;⑪ 通胆怯,怯懦;⑫ 体质虚弱;⑭ [副词]。徒然,白白地;⑮ 道家用语,指清静无欲的内心境界;⑯ 指抽象的理论,如务虚"等这些解释均蕴含心理学意义。归纳起来大致有四种意义:其一,空无,不实在,了无一物;其二,身体不结实的,心里不踏实的;其三,不真实的,抽象的,假的;其四;无意义地,白白地。与"谦"字相联系的解释可取"其一,空无,不实在,了无一物;其三,不真实的,抽象的,假的"。这说明个体表现出谦虚本身是一种虚假的、不实在或不真实的反应。比如个人通过努力获得了很大的成功而得到褒奖,他在众人面前会说:"我取得的这一点点成功和领导的信任、同事的帮助、家人的支持是分不开的,我自己只是做一点点事情,受之有愧……"可见这个人所说的与他自己以前的努力而得到成功的事实不符,也就是他所说的是不真实的或虚假的,但是大家绝不会认为他得到的褒奖真是受之有愧,反而会觉得这个人很谦虚,褒奖就应该属于他。

三、与谦虚相关的字

为了进一步理解谦虚的含义,我们再将与谦虚相关的字进行简单分析。在中国汉语中,谦虚的同义词"谦逊""谦让"两个词语用得也比较多,故此,有必要对这些同义词作语义分析。

"谦"字的语义分析前面已经作过,故仅对"逊"字进行分析。"逊",《汉语大字典》仅列出了四种字形变化,如图2.5所示。

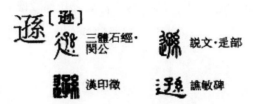

图2.5　"逊"字字形变化图②

① 汉语大字典编辑委员会.汉语大字典[M].2版.成都:四川辞书出版社,2010:3014-3015.
② 汉语大字典编辑委员会.汉语大字典[M].2版.成都:四川辞书出版社,2010:4131.

在图2.5中,所列"逊"字字形最早的写法是汉代的三体石经,"逊"字由"辶"和"孙"构成。"辶"字表示在路上走,整个字的意思就是孙子应该继承王位,但孙子却离开了,由此产生逊位的含义。引申表示退避、谦让和差一些等。[①]

从字义上释"逊",在《说文解字》中的解释是:"逊,遁也。"在《汉语大字典》中"逊"主要有以下几种解释:

① 逃遁。《书·微子》:"我其发出狂,吾家耄逊于荒。"

② 退让(帝位)。《玉篇·辶部》:"逊,退让也。"《篇海类编·人事类·辶部》:"逊,辞避也。"

③ 恭顺,谦抑。《广韵·恩韵》:"逊,恭也。"《篇海类编·人事类·辶部》:"逊,顺也。谦恭也。"

④ 差,比不上。《三国演义》第一回:"运筹决算有神功,二虎还须逊一龙。"

⑤ 姓。[②]

从上述"逊"的字义可知"② 退让""③ 恭顺,谦抑""④ 差,比不上"三种解释均蕴含"谦虚"的含义,说明谦虚的内涵包括退让、恭顺、谦抑等。

第二节　中国人"谦虚心"的传统内涵

从上一节我们对"谦"和"虚"进行的语义分析可知,"谦"的含义主要指的是虚心、退让、低调、不自大、不虚夸、不高傲。而"虚"指的是不实在的、不真实的、抽象的、虚假的等含义。结合"谦"和"虚"两种解释,"谦虚"就是虚心,不自满,不夸大自己的能力或价值,做事低调,不自大高傲;"谦虚"反映的不是个体真实的能力或价值,是一种个体为了"谦"而对自己能力或价值表现出虚假、不实在或不真实的反映,其目的是保持谦卑、低调、不自满。本节将结合几部权威的汉语辞书对"谦虚"的含义进行分析。

---

① 窦文宇,窦勇.汉字字源:当代新说文解字[M].长春:吉林文史出版社,2005:26.

② 汉语大字典编辑委员会.汉语大字典[M].2版.成都:四川辞书出版社,2010:4131.

一、谦虚心的传统内涵

《汉语大词典》对"谦虚"的解释有以下两种：

① 虚心，不自满。《诗·小雅·角弓》："莫肯下遗。"汉郑玄笺："今王不以善政启小人之心，则无肯谦虚以礼相卑下，先人后己，用此居处，敛其骄慢之过者。"

② 客套，说谦虚的话。①

而在《汉语大词典》中，包含"谦"的词除了"谦虚"外，还有103个词。其中有100个词的意思都是"谦虚"的同义词、近义词或含有谦虚含义的词。

《辞海》对"谦虚"的解释与《汉语大词典》的解释基本一致：虚心，不自满。②如《晋书·周访传》："智勇过人，为中兴名将；性谦虚，未尝论功伐。"

从上面两部词典中对"谦虚"的解释我们发现，"谦虚"的含义主要有两种："① 虚心、不自满；② 客套，说谦虚的话。"其中第一种含义来源于"谦"的含义，而第二种含义则反映了谦虚的外在行为表现，即谦虚的言行。从这也可以看出"谦虚"的内涵主要取决于"谦"的含义，而"谦虚"中"虚"字反映了谦虚本身是个体一种不真实的表现。

从上述分析可知，在中国人的概念中，"谦虚"的主要含义来源于"谦"字，指的是虚心、不自满。古人对谦虚内涵的解释，大多引自《易·谦》中对"谦"的解释，都强调谦虚就是要以阳居阴，不自盈大。《易·谦》中有关"谦"的论述不仅涉及"刚柔""隐显""进退"等大量对立范畴，而且十分强调对立双方的相互转化。在中国古代人看来，物极必反是一条根本的规律，谦虚超越了"尊卑""进退""隐显"等范畴之间的二元对立，是带有典型中国人辩证思维特色的行事风格。在《易·谦》中，"谦"有两层含义：一是"地中有山"，指个体要自我减损，做到有功能忘，有劳不伐。因此，在意志层面，谦虚要克制个体的欲望和冲动，具有明显的自抑性。二是"哀多益寡，称物平施"，指个体要努力做到减有余增不足，衡量物质多寡公平施予。③

《易经》之后关于谦虚的论述都与此相近。特别是中国传统的儒家和道家对谦虚均是非常推崇的。孔子虽然没有具体关于谦虚的言论，但是孔子是用谦虚的方式来做人的。如：

---

① 汉语大词典编辑委员会.汉语大词典：十一卷[M].上海：汉语大词典出版社，2008：387-391.

② 夏征农，陈至立.辞海[M].6版.上海：上海辞书出版社，2009：1294.

③ 胡金生，黄希庭.自谦：中国人一种重要的行事风格初探[J].心理学报，2009，41（9）：842-852.

《论语·述而》："三人行，必有我师焉。""我非生而知之者，好古，敏以求之者也。"①

而且孔子是将"谦虚"视作君子必备的美德之一，如：

《论语·宪问》："子曰：'君子道者三，我无能焉：仁者不忧，知者不惑，勇者不惧。'子贡曰：'夫子自道也。'"②

不难看出，孔子非常推崇《周易·谦》中的"谦谦君子"一语。所以孔子其实把谦虚作为了做人的方式和君子必备的美德。③

汉代刘向在《说苑·敬慎》中概括出六种谦虚的美德：

德行广大而守以恭者，荣；土地博裕而守以俭者，安；禄位尊盛而守以卑者，贵；人众兵强而守以畏者，胜；聪明睿智而守以愚者，益；博闻多记而守以浅者，广。此六守者皆谦德也。④

在刘向看来，一个人能做到恭、俭、卑、畏、愚、浅六个方面，就是做到谦虚了。由此可见，他认为谦虚的实质即卑己以高人，以足为不足，永远不自足，时时、事事、处处都能觉察到自己的不足之处，永远保持上进之心。

道家思想同样也非常重视谦虚美德。老子虽然没有直接谈论谦虚，但其处下、无争、贵柔的思想就是谦虚的诠释。如：

《老子·第七章》："是以圣人后其身而身先；外其身而身存。"

《老子·第九章》："持而盈之，不如其已，揣而锐之，不可长保，金玉满堂，莫之能守。富贵而骄，自遗其咎。"

《老子·第六十六章》："江海所以能为百谷王者，以其善下之，故能为百谷王。是以圣人欲上民，必以言下之；欲先民，必以身后之。"⑤

老子的这些话，处处都包含着谦己下物、谦以待人的思想。可以看出老子虽然没有提及"谦虚"，但是他是以"以退求进"这种谦虚方式处世的。

王弼、孔颖达则认为，唯谦才能尊，唯柔才能刚。如：

《周易·困卦注》："夫谦以待物，物之所归，刚以处险，难之所济……不能以谦致物，物则不附。忿物不附而用其壮猛，行其威刑，异方愈乖，遐尔愈叛。"

《周易·谦卦注》："未有居众人之所恶而为动者所害；处不竞之地而为争者所夺。是以六爻虽有失位，无应乘则，而皆无凶咎悔吝者，以谦为主也。'谦尊而光，卑

---

① ③ 杨伯峻.论语译注[M].2版.北京：中华书局，1980：72，155.

③ 汪凤炎.中国心理学思想史[M].上海：上海教育出版社，2008：558-559.

④ 刘向，向宗鲁.说苑校证[M].北京：中华书局，1991：240.

⑤ 陈鼓应.老子注译及评介：修订增补本[M].北京：中华书局，2009：83，89，303.

而不可跻',信矣哉!"①

王弼、孔颖达的这些话,说的就是要以谦待物,才能立于不败之地。

从上面的论述可以看出,儒道两家皆以谦虚为教,都非常推崇谦虚,特别强调为人处世要保持低调。中国人在几千年文化的发展过程中,形成了谦虚的性格特征,并且至今还保持着谦虚的行事风格,而这与西方人"好表现自己"的性格形成了鲜明对比。

通过上述分析,可将谦虚界定为:虚心,不自满;中华民族的传统美德;个体在人际交往的过程中不夸大自己的能力或价值,为人处世保持低调、不自大高傲;为了达到人际关系和谐而尽量对自己的能力或价值做出低于自己实际的评价。

二、谦虚心的心理学内涵

前面我们提到,谦虚是当代西方积极心理学研究的主要内容之一。综合前人的研究成果,结合中国人传统的谦虚心,归纳总结出谦虚心的心理学内涵,包括:谦虚是一种人格特质;谦虚是一种亲社会行为;谦虚是一种处世风格;谦虚是一种做人态度;谦虚是一种自我反省。

(一) 谦虚是一种人格特质

人格特质是心理学领域一个非常重要的概念,是指在组成人格的因素中,能引发人们行为和主动引导人的行为,并使个人面对不同种类的刺激都能做出相同反应的心理结构,是在不同的时间与不同的情境中保持相对一致的行为方式的一种倾向。人格特质能与情景变量一起影响个体行为、认知、情感等一些相对持久的个人特征。中西方学者提出了很多的人格特质理论,在这些理论中大多将谦虚作为一种人格特质。其主要观点如下:

首先,谦虚是中国传统"君子人格"的标准之一。在《周易·谦》中有"谦谦君子",意为个体不管在任何时候都应该保持谦虚,这样才是一个真正的君子。从人格心理学的角度看,具备和谐精神的典型人格正是孔子等人倡导的君子人格。孔子判断一个人是在做"君子"还是在做"小人"的标准主要有13条:仁、义、礼、智、信、忠、恕、勇、中庸、文质彬彬、和而不同、谦虚与自强。凡基本上具备这些素质者

---

① 王弼,魏康伯,孔颖达,等.周易正义[M].上海:上海古籍出版社,1990:49,110.

就是君子,反之,就是小人。[①]汪凤炎通过对孔子相关言论的梳理总结发现,孔子把"谦虚"视作君子必备的心理素质之一。其原因是君子富有知识,清楚地知道"山外有山,人外有人"的道理,即便自己表现得很好,也绝不会过高地评价自己,不会在他人面前表露自己的成绩,自然也就能客观地认识到自己的不足和别人的优点,进而会以谦虚谨慎的态度来待人处世。中国人向来是自己越有水平和能力,就越推崇谦虚,这样也更符合中国人做人的原则和君子人格的标准。

其次,谦虚是一种重要的性格特征。燕国材认为,人的性格由多种多样的道德特征与心理特征组成,谦虚就是由道德特征转化而来的一种性格特征,是道德特征中的一种。[②]道德特征是个体对待现实的态度特征,主要表现在对己、对人和对事三个方面。谦虚是属于对己方面的人格特征。他概括出谦虚具有六个基本特点,即诚实性、进取性、稳定性、不满足、不骄傲、无成见等。个体如果具备了这六个特征便是真正的谦虚;个体没有具备或不完全具备这六个特征则是虚伪的谦虚。真正的谦虚是诚实的、自尊尊人的表现;虚伪的谦虚是不诚实的、自欺欺人的表现。

最后,谦虚是人格结构的重要组成部分。在西方人格理论中,大多将谦虚或谦逊的同义词作为人格因素的组成部分。如卡特尔(R. B. Cattell)将人格特质分为表面特质和根源特质,并且采用因素分析的方法,确定了16种具有独立性要素的根源特质,即16PF人格因素。其中因素E恃强性中,高分者好强固执、支配攻击;低分者谦虚顺从。美国心理学家麦克雷(R. R. McCrea)和科斯塔(P. T. Costa)在对多个人格特质理论分析研究的基础上,通过因素分析发现,在人格特质中存在着相对稳定的因素,并且提出"人格大五结构模型",简称为"大五人格"。这五种人格特质是:情绪稳定性、外倾性、经验开放性、宜人性、严谨性。其中宜人性包括信任、直率、利他、依从、谦虚、移情等特质。人格的五因素模型是建立在艾森克、卡特尔的研究之上的。它的前两个维度(情绪稳定性和外倾性)与艾森克所提的是一样的,另外两个维度(宜人性和严谨性)相当于艾森克人格特质理论的精神质因素的两个层面。[③]特里根(Tellegen)等人运用不同的选词原则,提出人格的七因素理论模型,即正情绪性、负价、正价、负情绪性、可靠性、适宜、因袭性七个因素,其中适宜因素的标定词包括慈善的、宽宏大量的、和平的、谦卑的等。另外,爱德华(Edward)编制的个性偏好量表(EPPS)所测的15种需要之一为谦虚需要。国内有关

① 汪凤炎,郑红.孔子界定"君子人格"与"小人人格"的十三条标准[J].道德与文明,2008(4):46-51.

② 燕国材.论谦虚与学习[J].上海教育科研,2010(10):52-54.

③ 艾伦·卡尔.积极心理学关于人类幸福和力量的科学[M].郑雪,译.北京:中国轻工业出版社,2008:165.

的人格理论也大多将谦虚视为人格结构的组成部分。如崔红等通过因素分析提出了中国人"大七人格"结构理论，得出中国人的人格结构包括精明果断、严谨自制、外向活跃、淡泊诚信、温和随和、善良友好、热情豪爽等七个因素，其中"谦虚的"这一人格形容词是"严谨自制"维度的特征之一。[①]结合中西方人格理论我们发现，谦虚作为人格结构的组成部分，主要反映的是人格结构中的恃强性、宜人性、严谨自制等方面的特征。

（二）谦虚是一种亲社会行为

亲社会行为是个体社会化的重要组成部分，是在社会化过程中形成的。亲社会行为是指符合社会希望并对行为者本身无明显好处，而行为者却自觉自愿给行为的受体带来利益的一类行为。这一定义包含帮助他人、符合社会期望、自觉自愿等行为特征。亲社会行为泛指一切符合社会道德标准，对他人、群体或社会有益的行为，如分享、谦让、助人、合作和自我牺牲等。一般亲社会行为可以分为利他行为和助人行为。[②]朱智贤主编的《心理学大辞典》中将"亲社会行为"解释为：人们在社会交往中所表现出来的谦让、帮助、合作和共享等有利于别人和社会的行为。[③]林崇德等主编的《心理学大辞典》中将"亲社会社会化"解释为：符合社会价值目标、道德标准与行为规范的积极地进行社会化的过程，在从儿童到成人的社会教化中逐渐掌握谦让、互助合作、团结友爱和社会责任感等有利于别人和社会的行为方式。[④]不难看出，两部中国权威的心理学专业词典均将谦虚视为一种亲社会行为。

此外，中西方学者对谦虚是一种亲社会行为也有大量的论述。戴维·谢弗（Davy Schaever）研究发现，在西方个人主义社会文化中，如果个体做了亲社会行为的事情感觉良好，自我牺牲行为应该得到崇高的荣誉。相反，在崇尚集体主义的中国文化中，亲社会行为是一种应尽的义务，受到的教育要求个体谦虚、不自夸，不要因为做了一点好事就邀功求赏。为此，李康等进行了一项跨文化研究，让加拿大和中国的7岁、9岁和11岁儿童评价四个简单的故事，比较加拿大儿童和中国儿童的亲社会思维。结果发现，加拿大儿童普遍都认为，做了好事的人应该乐意承认。相反，中国儿童随着年龄增长，逐渐以越来越否定的态度来看待从亲社会行为中获取荣誉，而以越来越肯定的态度看待掩盖自己做了好事的行为。中国

① 崔红，等.中国人人格结构的确认与形容词评定结果[J].心理与行为研究,2003(2)89-95.

② 俞国良.简明社会心理学[M].北京:开明出版社,2012:182.

③ 朱智贤.心理学大辞典[M].北京:北京师范大学出版社,1989:493.

④ 林崇德,黄希庭,杨治良.心理学大辞典[M].上海:上海教育出版社,2003:493.

文化注重谦虚、不出风头，这也使得中国儿童逐渐认为，按照被期望的方式谦虚地做事，将会赢得他人的表扬。[①]王丽、王庭照针对几种主要的亲社会行为（助人、分享、合作、谦让）的研究发现，中国人对不同类型的亲社会行为具有一定的差异，表现水平从高到低依次为谦让、助人、分享、合作。[②]这更加说明了谦虚行为是中国人的一种亲社会行为。

（三）谦虚是一种处世风格

积极心理学认为，积极的品质是人类赖以生存和发展的核心要素，是人们感受幸福的一种素质基础。积极心理学代表人物塞利格曼(Seligman)在40个不同的国家选取研究对象，对研究所得来的数据进行行为评价，从东西方历史、文化及宗教中找到共通的观点，归纳出被普遍重视的6种美德，并以此作为品质优势分类基准，采用特质论的观点，确认了24种一般被辨识的、存在于个体内的品质优势（见表1.1）。研究发现这24种积极人格品质具有普遍性。积极心理学相信在每一个人的内心深处，都存在着两股抗争的力量：一股力量是消极的，它代表压抑、侵犯、恐惧、生气、悲伤、悔恨、贪婪、自卑、怨恨、高傲、妄自尊大、自私和说谎等；另一股力量是积极的，它代表喜悦、快乐、福乐、和平、爱、希望、负责任、宁静、谦虚、仁慈、宽容、友谊、同情心、慷慨、真理、忠贞和幸福等。塞利格曼认为这6种美德和24种积极人格品质是以人类的人格力量为核心的。这两股力量谁都可以战胜对方，关键是看个体自身到底是在给哪一股力量不断注入新的能量，在给哪一股力量创造适宜的生存心理环境。[③]

从表1.1中可以看出谦虚属于24种积极的人格品质之一，属于6种美德中"节制"的范畴。积极心理学对"节制"的界定特征为"谨慎处世的品质"，对谦虚的解释为"不追求别人的注视，比较喜欢让自己的成就不言而喻。你不认为自己很特别，而你的谦逊是公认和受重视的"。

另外，中国学者也将谦虚作为一种处世行事风格进行了实证研究。认为谦虚是以阳居阴、内高外卑的行事风格。在中国文化里，中国人要求自己要在谦让的前提下，尽量保持低调、含蓄的做事风格，一旦有人做事喜欢夸耀，当其在遭受失败时不仅得不到别人的同情反而遭受嘲讽。其中最具有代表性的为胡金生、黄希庭通

---

① 戴维·谢弗.社会性与人格发展[M].5版.陈会昌，等译.北京：人民邮电出版社，2012：352-353.

② 王丽，王庭照.青少年亲社会行为研究[J].当代青年研究，2005(11)：51-53.

③ 任俊，叶浩生.积极人格：人格心理学研究的新取向[J].华中师范大学学报（人文社会科学版），2005(4)：120-126.

过对古籍的检索发现,谦虚是一种"以阳居阴"的行事风格。认为谦虚是实现其"礼仁"目标的重要践行方式,强调谦虚要"发乎情,而止于礼",实现"仁"与"礼"的统一;并且传统的儒家文化又强调谦虚的工具性价值,谦虚作为协调人际关系、储备社会资源、实现生活目标的手段,视其为深其根、固其柢的长生久视之道。他们又通过对现代人的开放式调查发现,古今中国人对谦虚作为一种行事风格的认同是一致的。最后得出中国人的谦虚是内高外卑的行事风格、以退为进的人际策略、居安思危的人生态度、永不满足的道德境界。[①]

(四) 谦虚是一种做人态度

"谦虚使人进步,骄傲使人落后。"这是大家都非常熟悉的至理名言,其含义人所共知。早在几千年前,《周易·谦卦》提出内卦"艮"象征山为止,外卦"坤"象征顺为地,艮在坤之下,本来是山高地低,但高山却将自己贬低到地的下面,谦卦以艮山在下比喻自己,以坤土在上比喻别人,甘愿降低自己而提升别人,这就是谦卦所阐述的做人之道。《尚书》中也已经提出了"满招损,谦受益"[②]的做人之道。

做人是中国人的头等大事,一个人在没有"做好"人之前,是没有精力去做别的事的。而谦虚是做人的一条基本要求,一个人如果不具备内在的谦虚品质,就无法具有外在的真诚恭谨的表现。谦虚的人就是较低地看待自己,而较高地看待他人的心理和行为,是低己高人、以人为师的心理和行为。谦虚做人能够清楚地认识到"山外有山,人外有人"的道理,自然也就能够客观地认识到自己的不足和别人的优点,进而学会以谦虚的态度来待人处世。[③]胡金生、黄希庭认为自谦在行为层面,可把自谦定义为个体在人际交往中自觉地隐藏和回避自身优势或成功的态度与行为。[④]他们还认为自谦实质包括两个方面,即自谦的动机(包括和合、远耻、隐显)和自谦的情感(包括诚、直)。[⑤]不难看出这两个方面所包括的内容就是中国人传统的做人的态度。

① 胡金生,黄希庭.自谦:中国人一种重要的行事风格初探[J].心理学报,2009,41(9):842-852.

② 王世舜,王翠叶.尚书[M].北京:中华书局,2012:365.

③ 汪凤炎,郑红.中国文化心理学[M].3版.广州:暨南大学出版社,2008:55,419.

④ 同①.

⑤ 胡金生,黄希庭.华人社会中的自谦初探[J].心理科学,2006(6):392-1395.

（五）谦虚是一种自我反省

谦虚的前提是谦虚的人必须有本事、有能力。也就是说，一个人越是知识渊博、才华出众、成就非凡，他的眼界往往越高，对世界的认识越深刻，也越能感到自己的知识、才能、成就微不足道。谦虚是一个人认识世界的一种自我反省，或者说谦虚是个体对自己的真实水平的自我认识。杨中芳认为，中国人"自己"的表现方式，可能受到"求同""怕壮""间接性"等心理的影响，以不突出自己为表现准则，甚至可能有避免表现自己的现象出现。为了自我改进，中国人对个人的错误、罪过及不良特性甚为敏感，且十分倚重自我反省与自我批评等机制来避免社会批评、责任及惩罚。①

---

① 杨中芳.如何理解中国人[M].台北:远流出版事业股份有限公司,2001:346-347.

第三章 | 中国人为什么重视谦虚心

　　谦虚是中华民族传统美德的重要组成部分，也是社会主义精神文明建设的基础内容之一，谦谦君子是中国人追求的理想境界。谦虚心由来已久，《尚书·尧典》记载："帝尧曰放勋，钦明文思安安。允恭克让，光被四表，格于上下。克明俊德，以亲九族。平章百姓，协和万邦。"[①]尧认为的德便是允、恭、克、让，即现代人认为的诚信、恭勤、善能、谦虚四种德性。可见尧认为"谦虚"居于德的核心地位。《周易·谦卦》集中赞颂了谦虚之德。如《周易·序卦》曰："有大者，不可以盈，故受之以谦。"《周易》："谦，亨，君子有终。"初六："谦谦君子，用涉大川，吉。"六二："鸣谦，贞吉。"九三："劳谦，君子有终，吉。"六四："无不利，撝谦，不违则也。"等等。[②]《周易》中这些言论的意思是，一个人能做到谦虚，则万事亨通，君子行此德必有好的结果；谦而有谦的君子，可以度过艰险，得到吉祥。有了盛名、功劳而能谦让，自能得吉、能善终。总之，施行谦虚之德，则无往而不利。不难看出，《周易》同样认为谦虚是人类生活的高尚品德，有了它，处世无所不利。春秋时期的孔子则把谦虚提升为儒家的核心道德范畴。如《论语·里仁第四》："能以礼让为国乎？何有？不能以礼让为国，如礼何？"[③]孔子奠定了儒家思想中谦虚作为其道德的核心地位。之后，中国人一直非常推崇谦虚。

第一节　中国人谦虚心的产生与发展

　　纵观中国人谦虚心的变迁历程，大致可将其概括为三个阶段，即对"天"的谦

---

① 王世舜，王翠叶.中华经典名著全本全注全译丛书:尚书[M].北京:中华书局,2012:3.

② 周振甫.周易译注[M].北京:中华书局,2012:79,375.

③ 杨伯峻.论语译注[M].2版.北京:中华书局,1980:38,177.

虚、对"人"的谦虚、谦虚作为美德。

一、对"天"的谦虚

谦虚是中华民族的传统美德,谦虚在中国传统文化中被视为道德的一种。在中国古代思想史中,对于道德的起源,儒家主张"天道观"。孔子在《论语·季氏》曰:"君子三畏:畏天命,畏大人,畏圣人之言。"[①]意思是说君子有三件惧怕的事:怕天命,怕王公贵族,怕圣人(指奴隶主阶级的代言人)所说的话。孔子在《论语·尧曰》中曰:"不知命,无以为君子也。"[②]意为不懂得天命,不配作为君子。《论语·述而》曰:"天生德于予。"[③]道德是"神"或"天"对人的启示或教诲,"天生德于予",即"天给了我这样的品德"。从孔子的上述言论可以看出孔子对天或天命抱有敬畏之心。

汉代董仲舒在《举贤良对策》中曰:"道之大,原出于天,天不变,道亦不变。"[④]认为道德是天的意旨,违反道德,就等于违反天旨,必然要受到天的惩罚。董仲舒在论述三纲五常时还说"王道之三纲,可求于天"[⑤],他把封建道德直接说成是"天"的意志。从中可以看出儒家所主张的天道观或天命说,是把道德的起源归结为对天的敬畏。故在中国文化中向来都对"天"保持谦虚敬畏,从来不敢违背天意。

《周易·谦卦》也以天地鬼神之道为喻,说明守"谦"是一种智慧。"谦"是宇宙间普遍的道理,符合天道、地道,故为人要时刻保持谦虚之道。众所周知,《易经》是一部占卜之书,首先重视的是吉凶祸福之事,因此讲究对实际功利的考量,但如若仅仅停留于此,《周易》则仅仅是一般的占卜之书而已。在行谦的考量上,除立功(实际功利)这一现实原因的考量外,它还对天道人事有着深刻的洞察,它更追求立德、立道的君子境界。这一洞察是对天道人事运转规律的深入观察。故《谦卦·彖传》曰:"谦,亨,天道下济而光明,地道卑而上行。道亏盈而益谦,地道变盈而流谦,鬼神害盈而福谦,人道恶盈而好谦。谦,尊而光,卑而不可逾,君子之终也。"[⑥]意思是说谦是亨通之道,何以见得呢?就自然现象来说,天位高,但日月以其光明照耀于下,地虽卑下,但山川之气一直是向上升腾的,故曰天道下济而光明,地道卑而上行。日中则昃,月满则亏,这是天道亏盈而益谦。空穴来风,江河东注,这是地道变盈而流谦。行善者得福,为恶者得祸,这是鬼神害盈而福谦。得道者多助,失道者寡助,这是人道恶盈而好谦。谦者受人尊敬,敏其地位愈显得尊荣,故曰谦尊而光,

---

① 杨伯峻.论语译注[M].2版.北京:中华书局,1980:38,177.

②③ 杨伯峻.论语译注[M].2版.北京:中华书局,1980:72,211.

④⑤ 班固.汉书[M].北京:中华书局,2007:568.

⑥ 周振甫.周易译注[M].北京:中华书局,2012:375.

光即荣。谦是天道,是地道,也是人道,宇宙间还有何德能及其功用之大? 谦的表现是卑,但其效果之高,世间无物可以超过它,故曰卑而不可逾。对此,尚秉和释为:"艮为天,为光明。居下卦,故曰下济。济,止也。言一阳止于三而成艮也。艮,止也。坤为卑,居上卦,故曰卑而上行,互震为行也。"①这是从谦卦卦象本义来解释天道、地道、人道对"盈"的态度,也就是"止",即要保持谦虚之道,知道自身行为的界限,不越界。

《尚书·大禹谟》曰:"满招损,谦受益。时乃天道。"②这是帝舜赞扬大禹有谦虚这一美德的话。"满招损,谦受益"是中国的古训,也是天道。谦虚本身就符合天道,天地之道是损益而补不足,最终达到平衡。大海就是大海,高山就是高山,过了若干年之后,地球沧海桑田,只不过,现在的高山,也许就是若干年前的海底。虽然看到山上不再有树或者水中不再有鱼,但那山还在,海还在,地势没有多大变化。但我们不能仅以我们在世的眼光来看待短期的自然风貌的变化。从长远来看,纵观地球的变化,山不会永远在地平线以上,一切都是变化的,高低也是暂时的,所以才会有地山谦卦。用这样长远的地球观来看待事物的变化,就会明白人类确实没有值得骄傲的地方,没有很"足"的资本,这就是谦虚之道。③

二、对"人"的谦虚

早在春秋时期,孔子就将家国作为一体来论述社会关系和伦理制度,认为无论是君臣之间,还是父子之间,都要有恰当的名分地位,才能使人们的行为有准则、政治有规范。如《论语·颜渊》中齐景公问政于孔子,孔子对曰:"君君,臣臣,父父,子子。"④这句话的意思是说,做君主的像个君主的样子,为臣的要像个臣子的样子,当父亲的要像个父亲的样子,而做儿子的要像个儿子的样子。也就是说,每个人都要按照自己的身份行事,各就其位,名副其实。孟子继承并发展了孔子的思想,他认为中国社会结构的基本特性是人伦关系,由这种关系形成分层的等级社会结构。总的来说,差序格局反映了中国传统社会结构的基本特性。如孟子曰:"父子有亲,君臣有义,夫妇有别,长幼有序,朋友有信。"⑤这就是孟子对五伦的简要阐述。西汉董仲舒在孔孟思想的基础上将这种尊卑的人伦关系发展为"三纲五常",其中"三

---

① 尚秉和.周易尚氏学[M].北京:中华书局,1980:91.

② 王世舜,王翠叶.中华经典名著全本全注全译丛书:尚书[M].北京:中华书局,2012:365.

③ 齐济.周易正讲[M].北京:线装书局,2013:173.

④ 杨伯峻.论语译注[M].2版.北京:中华书局,1980:128.

⑤ 万丽华,蓝旭.孟子[M].北京:中华书局,2006:111.

纲"是指"君为臣纲,父为子纲,夫为妻纲",如董仲舒在《春秋繁露·基义》中写道"君为阳,臣为阴;父为阳,子为阴;夫为阳,妻为阴"①;"五常"就是"仁、义、礼、智、信"。从此,三纲五常一直作为封建社会的一种伦理观念。中国传统文化非常重视"伦理"道德,本质上就是对"礼"的重视。其中"伦"就是等级、类别之间的次序,"理"就是这种等级次序遵循的规定。"伦理"就是"礼"之根本,中国封建社会本质上是等级社会,以维护上下尊卑的等级秩序为治世根本,而这些等级秩序本身正是"礼"的本质规范。因此"礼"的本质是"别",有"别"才有"敬","以下敬上,以卑敬尊",这样人们才不会相争,天下才能太平。中国文化中提倡"礼多人不怪""谦虚是美德"。传统的君臣父子等级观念在中国人的头脑中也是根深蒂固。"上下有义、贵贱有分、男女有别""上尊下卑""卑己尊人""各守其分"等传统思想观念在今天依然制约着人们的行为,"官本位""唯上为是""以下敬上""以卑对尊"等思想仍然非常普遍。而作为地位低下的卑者(臣、子、百姓等)在地位高的尊者(君、父、官等)面前要保持低调、不要太张扬,以免显得失礼而惹来麻烦。这其实是一种对"人"的敬畏之心,谦虚之道。古圣先贤也不乏对敬畏、对"谦虚"精神的认可,只是侧重点不同罢了。如《论语·季氏》曰:"君子有三畏:畏天命,畏大人,畏圣人之言。"②这里的"畏"是敬畏、谦虚恭敬之意;"天命"就是儒家强调的对"天"的敬畏之心;"大人""圣人"就是道德品质高尚的人,儒家主张对圣人的崇拜,强调对圣人的敬畏之心。由此可以看出,在中国文化里对位高者、德高者、辈高者要保持谦虚之道、敬畏之心。

首先对位高者要保持谦虚和敬畏。古代中国人大多以谦虚的态度与地位高于自己的人进行交往,这一点从位低者对位高者的称谓和自称中可见一斑,如臣子见到帝王一般都会称其为"陛下"③,而称自己为"臣"④,官员之间一般称自己为"下官",而平民百姓见到官员会称自己为"草民"。

其次对德高者要保持谦虚和敬畏。德高者,顾名思义是道德高尚之人,古之道德高尚之人主要包括两类人,即圣人和君子。在与道德高尚的人交往时,中国人表现得非常谦虚谨慎。因为圣人和君子是社会道德的榜样,也是学识渊博之人,是世人学习的楷模,所以只有保持谦虚低调才不至于冒犯他们,如若冒犯了他们,将会被认为是违背伦理道德的,会遭到社会的谴责。其实这也是中国人重权威心理的表现,不敢挑战权威,否则就会被认为是对权威大不敬、不尊师重道等。因此,中国

---

① 班固.汉书[M].北京:中华书局,2007:568.

② 杨伯峻.论语译注[M].2版.北京:中华书局,1980:177.

③ "陛"指阶梯,后专指帝王宫殿的台阶,因以"陛下"为对帝王的尊称。(见:汉语大字典编辑委员会.汉语大字典[M].2版.成都:四川辞书出版社,2010:4443.)

④ "臣"指战服、奴仆、国君所统属的众民。(见:汉语大字典编辑委员会.汉语大字典(九卷本)[M].2版.成都:四川辞书出版社,2010:2993.)

人一般用谦虚恭敬的态度与权威人物打交道,这样做既符合伦理道德规范,又显得自己谦虚好学。

最后是对辈高者要保持谦虚和敬畏。在中国古代家庭生活中,无论早晚,晚辈都要给长辈问安,晚辈在长辈面前要处处表现得恭顺和谦虚,要经常地向长辈请示各种事情,对于长辈的教诲讲究垂手恭听,即使有语言过激或是训斥也不能与长辈顶撞。无论是请安还是请示事情,晚辈都要恭敬地站立着,长辈让坐下才能坐下;如要离开时,不能掉转身子就走,要低头退出才行。这样做被认为是遵守伦理道德的行为,否则就会被认为不孝、不敬。

另外,中国古代帝王将相为了巩固自己的统治地位,也会表现出对下、对平民百姓的谦虚。如刘邦曰:"夫运筹帷幄之中,决胜千里之外,吾不如子房;镇国家,抚百姓,给馈饷,不绝粮道,吾不如萧何;连百万之众,战必胜,攻必取,吾不如韩信。"[1]古代中国官员大多称百姓为"衣食父母"。刘备能够成就一番大业,也与其屈从处下的谦虚之道息息相关。位高者只有对平民百姓保持谦虚态度,才能得到人们的尊重和爱戴。

不难看出,在中国传统文化中,由于受封建伦理道德思想的影响,中国人谦虚之德的发展从早期的对"天道"谦虚转向对"人道"谦虚,特别是对君主帝王、圣人君子、父母长辈的谦虚恭敬,以及对平民百姓亲和处下的谦虚。这加深了中国文化对谦虚的重视,随后谦虚逐渐发展为全民的美德。

三、谦虚作为美德

古代圣贤言论和典籍中有关谦虚心作为美德的论述在本书第一章第二节已做详细论述。

从古代圣贤的言论和典籍中可以看出,谦虚心自古就是中华民族的美德。儒道两家皆以谦虚为教,都非常推崇谦虚,特别强调为人处世要保持低调。在几千年文化的发展过程中,谦虚一直被视为中华民族的传统美德,中国人的性格中也形成了谦虚这一特征,并且至今仍保持谦虚的行事风格,我们常用的词汇中仍然有一大批与"谦"字有联系的词,比如"谦卑""谦恭""谦和""谦谦君子""谦让""谦顺""谦虚""谦逊"等等,可见"谦"字之深入人心,久而愈彰。[2]

谦虚美德的形成过程是理性化的过程。中国历史由巫觋文化过渡到祭祀文化,最后到礼仪文化,这个过程体现了理性化发展和完善的过程。中国人谦虚心的

---

① 司马迁.史记·淮阴侯列传[M].北京:中华书局,1959:2612.

② 季羡林.谦虚与虚伪[J].南北桥(国学),2010(7):53.

发展经历了从对天的谦虚到对人的谦虚,再到将谦虚作为全民的美德的过程。礼仪时代的出现体现了文化的进步,有秩序、有条理的生活方式和行为规范体现了一种上下尊卑的等级秩序,礼让体现了人与人之间的谦让之礼。

第二节　中国人谦虚心的文化阐述及社会功能

一、农耕文明的影响

农耕文明决定了中华文化的特征。中国文化是有别于欧洲游牧文化的一种文化类型,农业在其中起着决定性的作用。中国自古以来就是一个以农业经济为主的国家,国民中多数人主要是靠农业来谋生,种植农业必须依靠土地。土地是不动的,使得依附于土地的人在一般情况下也是很少流动的,只有当诸如大旱、大水或战乱等情况出现时,才可能使一些人背井离乡,另寻新的生存土地。这正如费孝通所说:"以农为生的人,世代定居是常态,迁移是变态。"[①]由于人口少流动,导致大多数中国人的生存空间一般是很少变动的,生于斯、长于斯、死于斯。在这种人员少流动的环境中,大家抬头不见低头见,导致人际关系相对稳定,人与人之间知根知底,这样就自然而然地形成了一个所谓熟人(没有陌生人)的社会。[②]农耕文明一般是以群居为主要生活方式,聚族而居、精耕细作的农业文明孕育了内敛式的、自给自足的生活方式。这种生活方式会导致个体的个性淡化,群体共性的特征凸显;在淡化个性的文化里,如果个体表现得太"出众""冒尖""高调"等就会引起他人的"瞩目"。因为群体性文化的导向是以中庸为美,这要求人们必须注重群体的人际关系,人们在集体劳动中需要对方的合作和他人的支持,这些都需要保持谦虚心。个体的心性发展和成长要谦虚,谦虚能够主导自身以谨慎的态度处理自身与身外事物的关系。因为谦虚的核心内容就是自己对他人的承认、尊重,是以"自我"主动的谦虚礼让"他人"为出发点的。谦虚可以让人率先以低姿态避免与他人产生对立或冲突,从而自觉能动地与周围的环境和谐相处。《周易·谦卦》围绕着谦虚申明它的价值和意义,对谦虚有着深刻的揭示,如《谦·初六》:

---

①② 费孝通.乡土中国[M].北京:北京大学出版社,1998:6-9.

"谦谦君子,用涉大川,吉。"[①]君子都是谦而又谦,凭借这种美德以涉越大河,获得吉祥。《谦·六四》:"无不利,撝谦。"[②]意为发挥谦虚美德,行事便无所不利。

中国人向来非常看重谦虚,谦虚已经不仅仅是礼貌的一种表达方式,也是群体中个体的一种生存方式,更是一种优秀的道德,因此,个体哪怕具有种种天赋或取得很大的成功,也总要表现客套、低调、礼让等谦虚的言行,如通过表达"自己没有什么能耐,功劳是大家的"等来赢得他人的接纳,这样才更有助于在这个群体中长期生存。

二、尚"和"心态的影响

尚"和"心态可以说是中国人心理的一个突出特点,渗透于中国人对人对事的诸多看法之中。尚"和"即中国人在平衡人我关系与群我关系时流露出来的尚"和"心态,其中新含义主要是相安、协调、适中、团结、平息争端之义,且一般多具褒义,如和谐、温和、谦和等。从现代社会心理学的视角看,"和"的概念类似于社会心理学中讲的"和谐人际关系""合作"等概念。按照中国传统思想中做人"内圣外王"的原则,尚"和"心态中蕴含着三种思想,即身心之和、人际之和、天人之和。[③]中国人在处理人我关系和人群关系中特别讲究人际之和。人际和谐讲究人际交往策略,中国人向来非常推崇"谦虚"这一人际交往策略。

在与他人的交往中,难免会有与他人意见不一致的时候,如果这时大家互相争强好胜,非要分出个输赢来,就有可能伤了"和气",甚至会引发冲突,乃至于"化友为仇"。为了避免这种情况发生,中国人一贯提倡与人意见不一致时应遵循谦虚礼让的原则。民间有很多俗语都赞赏谦虚礼让,如《论语·卫灵公》中有:"谦让万事和,心安一生平","自大讨人嫌,虚心受人赞","人让人,不蚀本","小事不让人,大事难做成"[④]等等。"君子矜而不争,群而不党。"[⑤]在人际交往中,孔子提倡谦让不争。《老子·第六十六章》:"江海所以能为百谷王者。以其善下之,故能为百谷王。是以圣人欲上民,必以言下之,欲先民,必以身后之。是以圣人处上而民不重,处前而民不害,是以天下乐推而不厌。以其不争,故天下莫能与之争。"[⑥]《孟子·公孙丑上》:"以力服人者,非心服也,力不赡也;以德服人者,中心悦而诚服也,如七十子之服孔

①② 周振甫.周易译注[M].北京:中华书局,2012:979.

③ 汪凤炎,郑红.中国文化心理学:增订本[M].广州:暨南大学出版社,2013:132-133.

④⑤ 杨伯峻.论语译注[M].2版.北京:中华书局,1980:161,166.

⑥ 陈鼓应.老子注译及评介:修订增补本[M].北京:中华书局,2009:303.

子也。"①三国时期的刘劭在《人物志》一书中著有《释争》一文,专论"争"的坏处与"不争"的好处,最后得出的结论是:"由此论之,则不伐者伐之也,不争者争之也,让敌者胜之也,下众者上之也。"②这里,刘劭论述了人与人在交往中争执和谦让这两种不同态度带来的祸福损益问题,提倡一个有成就的人在处理人际关系时应该做到"不争""不伐",不争强好胜、不大出风头,时刻以谦让为本。《抱朴子·斥骄》:"劳谦虚己,则附之者众,骄慢倨傲,则去之者多。"③意思是说谦虚待人,愿意和他亲近交往的人自然就多;如果骄傲自大、盛气凌人,原来和他亲近的人也会离他而去。由此看来,中国人建立良好和谐的人际关系的一个重要途径就是谦虚礼让。

时至今日,谦虚依然是中国人维持人际关系的主要策略之一。问卷调查也得到类似的结论,在"为获得一种和谐人际关系,您认为在与人意见不一致时应该怎样做?"这一问题上,约有53.37%的人的答案是"忍让,但保留自己的意见","能说服最好,不能则退让","不要将自己的意见强加于人"之类的话语。此外,约有23.31%的人主张"与人商讨,缓和分歧";约有16.65%的人的答案是"小事付之一笑,大事据理力争"之类的话语;还有约6.67%的人主张"谁对听谁的"。简言之,在与人意见不一致时,中国人提倡要遵循宽容谦让的原则。④

三、"礼"文化的影响

中国是礼仪之邦,"礼"文化的历史源远流长。"礼"是儒家思想的主要概念之一,也是中国传统文化最为核心的内容之一。孔子曰:"安上治民,莫善于礼。"⑤荀子曰:"礼义者,治之始也;君子者,礼义之始也。"⑥"礼"规定了中国古代社会成员之间的等级差别,每个成员都应该按照自己的社会地位说话或行事。古代中国社会结构是以差序格局、群体和他人为主要取向的,传统"礼"的精神就是天地人伦的上尊下卑。《左传》中有"让,礼之主也","让,德之主也","卑让,德之基也"⑦等,是说谦虚礼让是礼的主体,强调了"让"也就是谦虚对于礼义道德的重要性。孔子将谦让上升为礼制的重要内涵之一,《论语·里仁》曰:"能以礼让为国乎,何有? 不能以礼

① 刘兆伟.孟子译评[M].北京:中华书局,2011:76.
② 刘劭.人物志[M].上海:三联书店,2007:152.
③ 葛洪.抱朴子[M].上海:上海古籍出版社.1990:248.
④ 汪凤炎,郑红.中国文化心理学:增订本[M].广州:暨南大学出版社,2013:159.
⑤ 胡平生,陈美兰.礼记·孝经[M].北京:中华书局,2011:190.
⑥ 梁启雄.荀子简释[M].北京:中华书局,1983:101.
⑦ 李梦生.左传译注:下册[M].上海:上海古籍出版社,2004:339,705,1014.

让为国,如礼何?"①认为只要人人都能以谦让而不争来制约自己,和谐的社会秩序也就不难实现了。人们的一言一行必须符合社会的要求和群体的期望,必须维护社会"和"的关系,因此崇尚"贬己尊人"或"谦虚"的"礼"的行为。谦虚心的发展,其主要的文化源头之一是"礼"文化及其所派生的子文化——尊卑文化和让文化,正是在服务这些文化的过程中,谦虚心得以迅速发展。从个体自身所表现出的主导倾向看,传统的谦虚是厚人自薄、卑己尊人。《礼记·表记》曰:"是故君子不自大其事,不自尚其功。"②说的是即使一个人做出了一点成绩,也应该认为很不够,不自满,肯接受别人的批评,只有这样才能永远充满前进的动力。《礼记·坊记》曰:"君子贵人而贱己,先人而后己,则民作让。"③意思是说君子尊重别人而自我谦卑、遇事则先人后己,那么,百姓就会相互谦让。孔颖达也对《礼记·儒行》中"其尊让有如此者"疏解称:"尊谓恭敬,让谓卑谦。谓尊敬于物,卑让于人。有此之行也,此谓圣人之儒。"④恭敬与谦虚、尊人与卑己是互为表里的,只有个体自己谦逊,才有可能对他人恭敬;谦虚即卑己,恭敬即尊人。能厚人而自薄,则于名于利上必先人后己。因此,有恭敬谦虚之德,必有辞让无争之行。儒家思想认为,谦虚并非不分是非善恶的、无原则的回避或退让,而是强调以"礼"相让。对于违反传统"礼"的行为,非但不能让,也不能姑息迁就,而且还要坚决地与之斗争。儒家思想要求人们在是非善恶面前要立场分明,勇于捍卫真理。这也就是孔子所说的"当仁,不让于师"。⑤

从上述论述可看出,谦虚一直被认为是"礼"文化的主要内涵之一,儒家思想认为谦虚是"礼"文化的主体。而如今的中国人也大多将谦虚视为"礼"的一种重要表现。如中国人一般认为,在人际交往过程中,若一个人表现出自大、显摆自己,常会让人觉得是没有礼貌的,而一个人表现得谦虚、低调,则会被视为是非常有礼貌的。

四、谦虚具有一些积极作用

谦虚之所以历来受到中国人的重视,是因为谦虚具有一定的积极社会功能。谦虚符合道德的原则,"谦,德之柄也"⑥;谦虚使人保持进取心,"满招损,谦受

---

① 杨伯峻.论语译注[M].2版.北京:中华书局,1980:38.

② 朱彬,饶钦农.礼记训纂[M].北京:中华书局,1996:790.

③ 朱彬,饶钦农.礼记训纂[M].北京:中华书局,1996:760.

④ 阮元.十三经注疏·附校勘记:下册[M].北京:中华书局,1980:1671.

⑤ 杨伯峻.论语译注[M].2版.北京:中华书局,1980:170.

⑥ 周振甫.周易译注[M].北京:中华书局,2012:348.

益"①;谦虚促进社会和谐,"温文合雅,谦敬保和"(《全唐文·卷二百九十二》)。目前古今中外做了大量的关于谦虚的积极作用的研究,有关古代圣贤对谦虚的积极作用的论述前文已经提及,故在此仅对现代学者有关谦虚的功能进行分析。通过文献梳理发现,谦虚的主要功能有以下几点。

(一) 谦虚是道德的根基

谦虚符合道德原则,有助于实现"克己复礼"。古代圣贤的言论和典籍中有关"谦虚是道德的根基"的论述在本书第一章第二节已做详细论述。

从古代圣贤的言论和典籍中可得出"谦虚是道德的根基"。儒道两家皆以谦虚为教,都非常推崇谦虚,特别强调为人处世要保持低调。在中国文化几千年的发展过程中,谦虚一直被视为中华民族的优秀传统美德,也形成了中国人谦虚这一独具特色的性格特征,至今中国人还保持着谦虚的行事风格,我们常用的词汇中仍然有一大批与"谦"字有联系的词,比如"谦卑""谦恭""谦和""谦谦君子""谦让""谦顺""谦虚""谦逊"等,可见"谦"字之深入人心,久而愈彰。②

中国历史由巫觋文化过渡到祭祀文化,最后到礼仪文化,这个过程体现了理性化发展和完善的过程。谦虚心的形成过程也是理性化的过程,即从对天的谦虚,到对人的谦虚,再到将谦虚作为全民的美德。礼仪时代的出现体现了文化的进步,有秩序、有条理的生活方式和行为规范体现了一种上下尊卑的等级秩序,礼让体现了人与人之间的谦让之礼。

(二) 谦虚使人保持进取心

自己若谦虚,便会卑己尊人,觉得自己不如别人,因而能以他人为师、向他人学习。

《周易·上经》:"谦亨。天道下济而光明,地道卑而上行。天道亏盈而益谦,地道变盈而流谦,鬼神害盈而福谦,人道恶盈而好谦。谦尊而光,卑而不可逾,君子之终也。"③

《周易程氏传》:"安履乎谦,终身不易,自卑而人益尊之,自晦而德益光显,此所谓君子有终也。"④

---

① 王世舜,王翠叶.中华经典名著全本全注全译丛书:尚书[M].北京:中华书局,2012:365.

② 季羡林.谦虚与虚伪[J].南北桥(国学),2010(7):53-53.

③ 周振甫.周易译注[M].北京:中华书局,2012:375.

④ 程颐撰.周易程氏传[M].北京:九州出版社,2011:61.

《文子》："夫道,退故能先,守柔弱故能矜,自卑下故能高人,自损弊故实坚。"①

明代吕坤说:"人必有一善,集百人之善,可以为贤人;人必有一见,集百人之见,可以决大计。"②

这样看来,个体如果保持谦虚之德,就会虚心向他人学习从而不断取得进步。反之,自己若是骄傲自大,便会出现卑人尊己,觉得别人都不如自己,因而便会自满自足甚至自大,而不能向他人学习,听不得他人建议,最终导致自己落后。所以,明代杨爵说:"自以为有余,必无孜孜求进心,以一善自满,而他善无可入之隙,终亦必亡而已矣。"个体如果在心理上骄傲自满,往往会丧失继续进取的兴趣,容易忽视自己的缺点;言行上也表现出骄傲自满,便会丧失进取之心。

谦虚对个体的学习起着重要的作用。学习必须以谦虚为基础。孔子云:"三人行,必有我师焉。择其善者而从之,其不善者而改之。"③孔子这段话强调了谦虚对学习的重要性。谦虚的人能够承认自己存在不足,所以会自觉坚持学习,不断充实自己,保持旺盛的学习热情和强劲的学习动力。燕国材认为,谦虚是鼓励人们从事活动的内在动力。一个具有谦虚心的人,他总是会感到不满足,而"不满足是向上的车轮"(鲁迅);反之,一个骄傲的人,他总是会感到自满,而"一分钟一秒钟自满,在这一分一秒间就停止了自己吸收的生命和排泄的生命"(老舍)。这两句名言,从正反两面表明了谦虚确实是催人奋进的动力。④燕国材还概括总结出谦虚对学习的四个主要功能。

首先,谦虚是个体积极学习的动力。谦虚是激励人们参与任何活动的动力,这自然也适用于学习,学习是人类的三大主导活动之一。谦虚不是退守,不是以退为进,而是为了进取,为了"欲穷千里目,更上一层楼"。

其次,谦虚是个体成功学习的保证。从《尚书·大禹谟》的名言"满招损,谦受益"开始,古今中外的学者几乎都一致肯定,谦虚进取是成功的保证,而骄傲自满只能使人落后。

再次,谦虚有助于个体发挥智慧的力量。心理学家认为,智慧对学习起着直接作用,任何学习都是凭借智慧即感知(观察)、记忆与思维而进行的,离开了智慧,学习就会寸步难行。既然谦虚可以提高智慧的水平,自然也就能促进学习效果的提高。

最后,谦虚有助于个体掌握渊博的知识。谦虚是从不满足开始的,正因为学习者心怀谦虚、永不满足,所以他们即使有了丰富的知识,也决不就此止步、裹足不

① 辛妍,杜道坚.文子[M].上海:上海古籍出版社,1989:89.

② 吕坤.呻吟语[M].武汉:崇文书局,2017:84.

③ 杨伯峻.论语译注[M].2版.北京:中华书局,1980:72.

④ 燕国材.论谦虚心与学习[J].上海教育科研,2010,10:52-54.

前,而是会百尺竿头、更进一步。即使有了丰富的知识,还要进一步去获得更加丰富的知识。"学无止境"是客观存在的,但只对具有谦虚心的学习者才有真实的意义。

(三) 谦虚能够促进社会和谐

"就人与人的关系而言,谦虚是一种待人自处之道"。谦虚的人往往含蓄内敛、谨慎守礼、以恭敬态度体现逊让的行为。《老子·第二十二章》曰:"不自见,故明;不自是,故彰;不自伐,故有功;不自矜,故长。"①这句话的大意是,个体不自我表现,反而显得与众不同;个体不自以为是会超出众人;个体不自夸会赢得成功;个体不自负会不断进步。做事需要放下架子,放下架子的人比放不下架子的人更高贵。只有做到这些才能获得他人的欣赏,获得和谐的人际关系。《管子·小称》曰:"修恭逊、敬爱、辞让、除怒、无争,以相逆也,则不失于人矣。尝试多怒争利,相为不逊,则不得其身。大哉! 恭逊敬爱之道。"②个体保持谦虚的为人处世方式,方可"不失于人",而"相为不逊",则自身难保。因骄傲自满导致的人际关系紧张,最终受害的是不谦虚者自己。个体以谦虚待人则能达到"不失于人"的目的,反之则"不得其身",不利于建立和谐的人际关系。明代王阳明曰:"为子而谦,斯能孝;为弟而谦,斯能弟;为臣而谦,斯能忠。尧舜之圣,只是谦到至诚处,便是允恭克让。"谦者能遵守"孝、悌、忠、信"等人际之德,如尧舜之圣,"允恭克让"。③若谦虚而卑己尊人,便会给予他人以尊重和好感,他人便会承认自己的长处、帮助克服自己的短处,从而使自己获得成功。反之,自己若骄傲而尊己卑人,便会伤害他人的自尊心、唤起他人的嫉妒心,不但得不到他人的认同和帮助,反而会使自己遭受反对和伤害。从古到今,多少以功骄人、以才骄人、以富骄人者均没有好的结果。所以《老子·第二十四章》曰:"企者不久,跨者不行,自见者不明,自是者不彰,自伐者无功,自矜者不长。"④谦虚的人总是既看到自己的优点,也看到自己的缺点;谦虚的人总能给人以好感,因而在人与人的交往中不能趾高气扬、盛气凌人,应该保持谦虚低调,这样人们才愿意与其交往,并且在与其相处时感受到放松和亲切。

中国人的人际关系是具有差序性的,就"规范性"谦虚而言,在和陌生人的人际互动中,由于较少有利益纠葛,也没有多少真情实感,做到"秉礼"就已经能体现自己的修养,成为"显我"层面的"谦谦君子"。谦虚是中庸思想的具体实践,它所代表

---

① 陈鼓应.老子注译及评介:修订增补本[M].北京:中华书局,2009:154.

② 李山.管子[M].北京:中华书局,2009:180.

③ 马昊宸.王阳明全集[M].北京:线装书局,2016:857.

④ 陈鼓应.老子注译及评介:修订增补本[M].北京:中华书局,2009:161.

的正是人性中的"尊大"和"菲薄"、人际交往中的"自我"和"他人"、社会和谐中的"有余"和"不足"之间的阴阳调和。①中国人自我追求的是获得周围人的社会支持，谦虚常作为一种文化策略来协调人际关系、储备社会资源，以备急需或借以在社会生活的各个领域达到目标。于是中国人就养成了某种平静的心灵，并与自然和谐一致，这也发展了某种防御策略，以期来维持人际关系的和谐。②黄光国认为中国人在成功时的谦虚行为不但能使人较为喜欢，也是一般人认为的较为得体的行为。刘肖岑等通过实验研究发现，大学生对搭档自谦归因的评价要好于对自利归因的评价，他们更喜欢与自谦归因的搭档交往。③

国外学者也有研究发现，谦虚行为对个体的人际和谐有积极作用。如国外心理学研究者将自谦分为亲和性自谦和防御性自谦。亲和性自谦是指向他人的，以维持人际和谐为目的；防御性自谦是指向自我的，以自我保护为目的。④茱莉亚·德赖弗（Julia Driver）认为，谦虚的价值在于其所导致的积极的社会效果，因为谦虚能够避免谦虚者周围的人对于其成就的嫉妒等。⑤

（四）谦虚对个体自尊、主观幸福感的影响

注重谦虚是中国文化的一个重要特点。谦虚的人通常表现出低的外显自尊。曾有一项关于谦虚的研究发现，中国人可以通过对谦虚这一文化价值的实践来间接和巧妙地维护和促进个体的自尊。研究显示，谦虚和外显自尊虽然呈负相关，但是却和内隐自尊呈正相关，也就是说个体的谦虚表现越突出，个体的外在自尊就会越低，内在自尊就会越高，说明谦虚在抑制个体的外显自尊的同时却在促进着个体的内隐自尊。这一研究表明，中国人在维护和促进自尊上是非常讲究策略性的，谦虚不是不能促进自尊的发展，而是要用同中国文化要求相适应的方式来促进自尊的发展。⑥出现这种情况与中国含蓄内敛的文化有关。

另外谦虚对个体的主观幸福感也有一定的影响。前面的章节中已提及中国人的谦虚受到了中庸之道的影响。谦虚是中庸思想的具体体现之一，中庸思维可以

---

① 胡金生.传统和现代视野中的自谦[J].心理学探新，2007，27（3）：19-21，43.

② 黄光国.儒家社会的生活目标和角色义务[J].本土心理学研究.2004（22）：121-193.

③ 刘肖岑，桑标，张文新.自利和自谦归因影响大学生人际交往的实验研究[J].心理科学，2007（22）：1068-1072.

④ Sugiura T. Developmental change in the relation between two affiliation motives and interpersonal alienation[J].The Japanese Journal of Educational Psychology,2000,48(3):352-360.

⑤ Driver J. Modesty and ignorance[J].Ethics,1999(8):827-834.

⑥ 蔡华俭，丰怡，岳曦彤.泛文化的自尊需要：基于中国人的研究证据[J].心理科学进展，2011（1）：1-8.

透过对自我与外在情境的省察、对他人感受的体悟以及自我行为的拿捏,使个人在不同的情境中灵活地表现出适当的行为与面貌,促进个人的适应能力。有研究表明中庸思维能够正向预测个体的生活品质,增进个体的生活满意度,进而提高个体的主观幸福感。[①]黑田(Kuroda)等人的研究也发现,谦虚能够提高个体的主观幸福感、自尊、充实感,从而降低个体的抑郁倾向。[②]

　　总之,谦虚是有利于自己和他人,并符合道德最终目的和道德终极标准的,因而谦虚是一种极其重要的善。王阳明从谦虚的反面"骄傲"来说明谦虚的好处:"人生大病,只是一傲字。为子而傲必不孝,为臣而傲必不忠,为父而傲必不慈,为友而傲必不信。故象与丹朱俱不肖,亦只一傲字,便结果了此生。诸君常要体此人心本是天然之理,精精明明,无致介染着,只是一无我而已。胸中切不可有,有即傲也。古先圣人许多好处,也只是无我而已,无我自能谦。谦者众善之基,傲者众恶之魁。"[③]可见,骄傲是有害于自己和他人、违背道德标准的,因而是一种重要的恶,《易经》曰:"谦,德之柄也。"[④]《周易·谦卦·象传》曰:"天道亏盈而益谦,地道变盈而流谦,鬼神害盈而福谦,人道恶盈而好谦。谦尊而光,卑而不可逾,君子之终也。"[⑤]正是基于谦虚的这些积极作用,谦虚心才得以传承至今,并且至今中国人对谦虚的评价仍是积极的,对谦虚的认同度也较高。谦虚一直被认为是中华民族的传统美德,需要被继承和发扬。

　　综上所述,谦虚是个体有修养、有气质的一种体现。谦虚的人让人喜欢、受人尊敬,从而能与他人和谐相处;失去谦虚品质的人则让人反感,从而导致人际关系紧张。故此个体在人际关系中,不要趾高气扬、盛气凌人,要常常保持低调、谦虚和善地与周围的人相处,这样他人才愿意与之交往,在与他人的交往才会感到放松和亲切,才能保持人际关系的和谐。

---

　　① 吴佳辉.中庸让我生活得更好:中庸思维对生活满意度的影响[J].华人心理学报,2006(1):163-176.

　　② Kuroda Y,Aritoshi K,Sakural S.Enhancement of close friendship and the mental health of Japanese college students:moderating role of the interdependent-independent construal of theself[J].The Japanese Journal of Educational Psychology,2004(1):24-32.

　　③ 马昊宸.王阳明全集[M].北京:线装书局,2016:857.

　　④ 周振甫.周易译注[M].北京:中华书局,2012:348,375.

　　⑤ 周振甫.周易译注[M].北京:中华书局,2012:348,375.

第四章 | 中国人谦虚心的心理机制、结构、类型和特点

第一节　中国人谦虚心的心理机制

　　谦虚心并非个体与生俱来的，它是个体不断地在社会实践中逐渐形成的，并且在形成后并非一成不变。谦虚心是一个多维度、多层次的心理系统。谦虚心的心理机制是谦虚行为产生的依据，在心理学界，一般把行为心理和生理化学过程统称为心理机制。谦虚心的心理机制是在个体认知的参与下，获得一定的情绪体验，由谦虚心的动机引发其谦虚行为，在个体内部和外部的反馈下对谦虚行为进行归因，进而对谦虚认知进行重构的心理过程。具体来说，谦虚心的心理机制包括谦虚心的认知、情绪体验、动机激发和行为产生等四个阶段。

一、谦虚心的认知阶段

　　谦虚心的认知阶段是指个体对谦虚的基本认知和对自己或他人谦虚状况的认知。谦虚心的认知阶段是谦虚心心理机制最基本、最重要的部分，是个体通过习得社会化而形成符合社会规范的意识的过程。主要包括以下两个方面。

（一）对谦虚心的基本认知

　　谦虚心的基本认知是指个体在面临与谦虚相关的刺激和环境时，个体在谦虚

心的认知经验基础上形成新的谦虚心认知结构的过程。主要包括感知觉、唤醒、抉择、内化四个基本过程。谦虚的感知觉就是个体感知具有一定意义的、代表一定谦虚内容的情景符号，从而获得关于谦虚情景符号的完整的、形象的、表面的谦虚情景表象。谦虚的唤醒就是在个体重新感知谦虚情景的时候，把原来处于静态的谦虚转化为动态的，从而激活谦虚心产生，使得原有谦虚心的认知结构被唤醒并进入觉醒状态。谦虚的抉择就是由于谦虚被唤醒而进入觉醒状态，从而个体运用原有的认知经验对面临的谦虚心情景信息进行选择性汲取，结合个体原有的认知结构产生对谦虚的认同或回避。谦虚的内化就是个体在对谦虚理解的基础上，把新的谦虚情景符号融入原有的谦虚认知结构中，从而形成新的对谦虚心的认知。

（二）对他谦和自谦状况的认知

对他谦和自谦状况的认知包括两个阶段。

第一个阶段主要是指当个体面临一定的谦虚情境时，对他人和自己的谦虚行为、意图能否有正确的认识、判断和评价。这是对谦虚心的基本认知在实践中的具体运用和检验。这一阶段的认知过程包含两个方面：一是对谦虚行为的认识、判断和评价，在此过程中主要依据对谦虚的外延的正确认知；二是对意图的认知、判断和评价，在此过程中主要依据对谦虚行为的理解，对谦虚的内涵的准确把握。

第二个阶段就是在做出判断之后的选择方面，是做出符合人际交往规范的正确选择还是不符合人际交往规则的错误选择，选择的结果会对个体今后的谦虚行为产生直接影响。

谦虚心认知阶段的两个方面是相辅相成、密切相关的，个体将对谦虚心的内涵或外延的认识内化成自我意识，以此来判断自己或他人的谦虚行为，在人际交往过程中正确运用谦虚行为。故对待谦虚心的基本认知是对他人和自己的谦虚状况的正确认识、判断和评价的基础和前提，只有准确把握了谦虚心的内涵和外延，才能正确地认识、判断和评价他人和自己的谦虚状况。

二、谦虚心的情绪体验阶段

谦虚心的情绪体验阶段是指个体在与人交往的过程中对自己及他人的谦虚行为所产生的主观体验过程。情绪是人们需求是否得到满足的主观体验过程，得到满足就会产生积极的情绪体验，个体的行为就会因得到强化而持续发展下去；反之则会产生消极的情绪体验,个体的行为就会弱化并逐步减退。就谦虚心而言,如若个体在人际交往的过程中出现谦虚行为,对自己和他人的谦虚行为表示认同和赞赏,或自己和他人的谦虚行为符合社会规范,就会产生积极的情绪体验。伴随着积极的情绪体验个体可以产生一种内在的自我强化,从而促使个体坚持谦虚行为以获得更多人际交往的满足感、愉快感和成就感。若个体对自己和他人的谦虚行为产生消极的情绪体验时,个体就会产生一定的心理压力而阻止其继续谦虚行为,激发个体寻求改变和摆脱现状的途径,促使谦虚行为的减退。

三、谦虚心的动机激发阶段

大部分人类的动机是在认知的基础上产生的,人们通过对未来的预见和期待来激发和指导自己的行动。也就是说,动机是指由特定需要引起的,欲满足各种需要的特殊心理状态和意愿。需要是个体活动积极性的源泉,也是个体行为保持一致性和稳定性的基础。依据马斯洛需求层次理论,谦虚心应属于社交需求的范畴,而结合传统的中国文化对谦虚心的界定,也可以把谦虚心归属于尊重需要的范畴,均属于较高层次的需要。从这一点来看,当个体的基本需要不能实现时,个体所表现出的谦虚是虚假的,即虚荣之心。需要是动机产生的内在原因,但仅仅有需要是无法激发动机的,动机的产生还需要外部诱因,谦虚行为产生的外部诱因多为对谦虚给予可能及推崇的环境,以及实施谦虚行为的预期个体所获得的自身人际关系和谐的满足。即个体的谦虚行为得到鼓励和认可,以及个体的谦虚行为获得人际关系的和谐,从而个体的谦虚心就得以养成。

四、谦虚心的行为产生阶段

谦虚心的行为产生阶段是个体为了遵守人际交往规范,利用谦虚心的行为方式使得人际交往活动得以顺利进行的一种行为倾向。谦虚心的行为产生阶段是谦虚得以实现的关键,是个体谦虚的外化,是判断个体是否存在谦虚,以及谦虚水平高低的标准。个体产生谦虚行为并非意味着谦虚行为的终结。从心理学的角度分析,行为终结并非心理活动的终结,当个体谦虚行为结束之后,个体的心理活动进入了下一个阶段,即对谦虚行为结果的评价和信息反馈。具体而言,谦虚行为的主体是通过对环境、他人、自己等外界信息反馈的收集与分析,经过个体的自我认知,达到个体对自己或他人的谦虚行为的新认识,并以此达到对谦虚更加深入的理解,个体的谦虚的认知水平在此过程中得以提升。个体对谦虚行为的反馈结果进行合理归因之后,再反过来审视个体对原有自身谦虚品质的理解,改变原有的谦虚的认知水平。

总之,谦虚心的认知、情绪体验、动机激发、行为产生四个心理要素是相互作用的,认知是基础,情绪体验是桥梁,动机激发是条件,行为产生是关键(如图4.1所示)。谦虚心的认知、情绪体验、动机激发在谦虚行为的形成过程中各自发挥着作用,只有这三个方面协调统一,才会出现真正的谦虚行为。谦虚心是一种"知行合一"的人格特质,具有连续性、系统性和稳定性。它不仅是一种心理品质,也表现在谦虚的行为之中。另外,外部环境和个体自身要求,个体个性品质对谦虚心的认知、情绪体验、动机激发以及谦虚行为产生也有一定的影响。

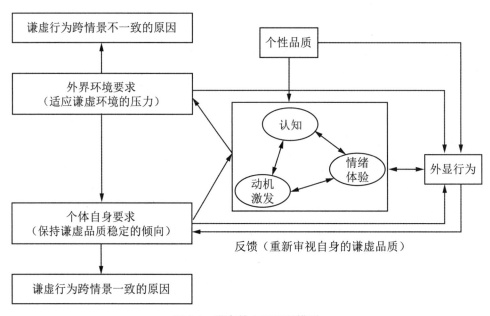

图4.1 谦虚的心理机制模型

五、谦虚的心理机制的实证研究

我们依据上述谦虚的心理结构模型,通过实证研究验证了该心理机制模型的合理性。

（一）研究对象和方法

1. 初测被试

随机选取合肥师范学院二年级的学生为被试。共发放问卷103份,收回问卷103份,回收率为100％。其中男生52人,女生51人。注意对施测过程的控制和记录。

2. 再测被试

随机选取合肥师范学院的学生为被试。共发放问卷171份,收回问卷165份,回收率为96.5％。其中男生100人,女生65人;大一50人,大三115人。注意对施测过程的控制和记录。

3. 正式施测被试

正式施测的被试为合肥师范学院、合肥工业大学、安徽中医学院的在校大学生。共发放问卷625份,收回问卷622份,剔除无效问卷22份,最后获得有效问卷600份,回收率为96％。其中男生268人,女生332人;大一183人,大二93人,大三210人,大四114人。

（二）研究程序

1. 题目编写与初测

首先组织项目编制团队,由高校心理学教师(包括教授、副教授、讲师)和在读硕士组成。最初由团队成员按照上述谦虚的认知、情绪、动机、行为四个维度编制项目。每位编写者按谦虚的四个维度分别设定10个项目。最后汇总,删除表述有问题的项目,合并相同、相似或语义大致相同的项目,最后得到40个项目。在结合访谈和专家指导的基础上讨论、修订问卷项目,最终保留了32个项目。各维度的项目分别为8个。最后将初编的项目进行小样本初测,根据初测的结果以及专家的意见对项目进行修订。

2. 再测

对初始项目采用以下几种方法联合筛选:

（1）t检验,检验问卷总分的高分组与低分组在每个题项上的差异。具体方法是:将所有被试的问卷总分按由高到低的顺序进行排列,将两端各占27％的被试分别命名为高分组和低分组,求出两组被试在每个项目得分的平均数,然后进行平均数的差异性t检验,两组差异无统计学意义($p > 0.05$)的项目考虑删除。

（2）相关法，项目与初始问卷的总分间的相关系数小于0.5者考虑删除。

（3）因素分析法，对有效的题项进行主成分分析，抽取共同因子，求得初始因素负荷矩阵，再采用方差极大法旋转，求出旋转因素负荷矩阵。删除项目负荷值低于0.3的项目、在多个因素上的负荷均高且负荷值近似的题项、共同度小于0.3的项目，剔除归类不当的条目。分析后达到上述删除标准的项目共计7个。最后形成25个项目的大学生谦虚再测问卷。

3. 正式施测

对再测问卷进行项目分析和探索性因素分析，具体方法同初测。按照上述标准又删除5个项目，最后形成20个项目的大学生谦虚问卷。采用正式问卷对合肥师范学院、合肥工业大学、安徽中医学院在校大学生施测。

所得数据使用SPSS 13.0进行项目分析、探索性因素分析和相关分析，用Amos 7.0进行验证性因素分析。

（三）结果与分析

1. 探索性因素分析

使用SPSS 13.0统计软件对获得数据进行探索性因素分析，采用主成分分析法，对数据进行正交旋转。结果表明，本问卷的KMO系数为0.78，Bartlett球形检验值达到了0.000的显著性水平，说明项目间有共同因素存在，样本适于做因素分析。旋转后的因子负荷情况见表4.1，按照特征值大于1提取4个因素，抽取的4个因素共包括再测后剩余的20个项目，可以解释总体方差为51.93%，其中因素1为谦虚认知层面，因素2为谦虚动机层面，因素3为谦虚情绪层面，因素4为谦虚行为层面。从上述项目的归类可以看出，完全符合预先的分布结果。

表4.1　大学生谦虚问卷的探索性因素负荷矩阵

题号	项目	认知	动机	情绪	行为	共同度
2	谦虚的人让人觉得有修养	0.88				0.78
3	谦虚可以避免人际冲突	0.78				0.63
4	谦虚的人可以给人留下好印象，获得他人的尊重	0.74				0.57
5	谦虚的言行能拉近人与人之间的距离	0.74				0.57
1	在人际交往过程中不应该自高自大	0.62				0.44
14	我不愿意跟别人讲述我的实力和成功		0.83			0.71
13	每当我不得不向别人描述我的成功时，就会感到不舒服		0.78			0.66

题号	项目	认知	动机	情绪	行为	共同度
12	别人要我向他描述我的优点时,我就会感到不安		0.77			0.60
11	对我来说很难和别人谈论自己的实力,即使我知道我的实力很强		0.49			0.49
15	即使明知自己做得很好,但是若要我用积极的语词描述自己,仍是一件很难的事		0.55			0.43
8	在别人面前炫耀自己是最有可能招人讨厌的			0.77		0.60
9	在众人面前吹嘘自己,从社交角度讲是不能接受的			0.71		0.55
10	过分地表现自己优点的人容易让人产生厌恶			0.48		0.42
6	与不炫耀自己成就的人打交道,让人感到愉悦、没有距离感			0.43		0.41
7	我常常会因保持低调的言行而得到别人的欣赏和褒奖			0.40		0.44
16	当众谈论我的成功,我做不到				0.66	0.52
20	有老师或长辈的场合,我才不显露自己,更不吹嘘自己				0.77	0.64
17	在很重要的交往场所我保持低调,不炫耀自己				0.67	0.55
18	在当众发言时我不会谈论自己的成绩或优点,即使谈到也只是轻描淡写一掠而过				0.60	0.50
19	有权威人士或比我优秀的同学在场时,我保持低调,不会大肆谈论自己的优点				0.47	0.41
	特征值	3.15	3.04	2.26	2.13	
	贡献率(%)	15.77	15.19	11.32	9.65	51.93

2. 信度分析

问卷总分的克伦巴赫 α 系数为 0.81,分半信度系数 0.71,表明问卷总体内部一致性非常好。谦虚认知、谦虚情绪、谦虚动机、谦虚行为四个维度的克伦巴赫 α 系数分别为:0.79、0.62、0.76、0.65;总问卷的分半信度为 0.71,均达到可接受的水平(注:由于各维度的题目数为奇数,故不适宜使用分半信度)。

3. 结构效度

(1) 相关系数矩阵。根据心理学家塔克(Tuker)的理论,一个良好的问卷结果要求维度与总问卷的相关为 0.3～0.8,各维度之间的相关为 0.1～0.6。从表 4.2 中可以看出,本问卷各维度之间、各维度与问卷总分之间的相关系数是符合 Tuker 的理论要求的,说明问卷具有良好的结构效度。

表4.2　大学生谦虚问卷相关系数(r)

	谦虚认知	谦虚情绪	谦虚动机	谦虚行为	谦虚总分
谦虚认知	1				
谦虚情绪	0.41***	1			
谦虚动机	0.13*	0.34***	1		
谦虚行为	0.11**	0.33***	0.52***	1	
谦虚总分	0.57***	0.74***	0.72***	0.70***	1

注:* 表示$p < 0.05$;** 表示$p < 0.01$;*** 表示$p < 0.001$。

(2) 验证性因素分析。采用AMOS 7.0进行验证性因素分析以及极大似然估计方法,各个模型的拟合指数见表4.3。可以看出,M1、M2、M3三个模型的拟合指标都比较良好,理论模型和原始数据的拟合度达到统计要求。其中M1模型的拟合效果最好,表明本节谦虚问卷的维度构想比较合理,问卷具有良好的结构效度。

表4.3　模型的拟合指数

模型	χ^2	χ^2/df	NFI	RFI	IFI	TLI	CFI	RMSEA
四维M1	369.32	2.25	0.88	0.86	0.93	0.92	0.93	0.04
三维M2	589.18	3.53	0.81	0.78	0.85	0.83	0.85	0.07
二维M3	748.26	4.43	0.75	0.72	0.80	0.77	0.80	0.08
一维M4	1613.45	9.49	0.47	0.40	0.49	0.43	0.49	0.12

(四) 讨论

谦虚自古以来就是中国人的传统美德,谦虚对大学生健全人格的培养、正确做人态度的养成、人际交往能力的提高等都具有重要意义。谦虚是一个多维度、多层次的心理系统。谦虚心理的产生既受其内在因素影响,也与其外在环境有关。本节在查阅以往文献的基础上,对中国传统的谦虚思想和国内外有关谦虚的最新研究成果进行系统的梳理总结,并在参考了谦虚反应量表(MRS)和大学生自谦认同度评定问卷的基础上,结合中国当代大学生自身的特点,把大学生谦虚心理划分为谦虚认知、谦虚情绪、谦虚动机和谦虚行为四个维度,较为完整地反映了大学生的谦虚心理,从问卷编制的角度来看,具有良好的可操作性。

为了保证初测问卷的合理性,我们请心理学专业学者和专家按照建构谦虚理论的四个维度共编写了40个项目,随后多次在专家的指导下讨论修订问卷项目,最终形成初测问卷,共计32个项目。在我们对初测结果进行分析后,根据项目筛选和因素分析删除7个项目,形成再测问卷,共计25个项目。

经过再测问卷的探索性因素分析发现,抽取四个因素共解释了总变异的51.93%,根据项目筛选和因素分析删除5个项目,形成新的再测问卷,共计20个项目。探索性因素分析结果的项目分布与我们预先设想的分布完全符合。这说明我们编写的项目能够充分地反映出谦虚的四个维度。验证性因素分析也发现数据能较好地拟合和解释。这说明大学生谦虚心理的构想模型是比较稳定的、可靠的,能较好地反映大学生谦虚的实际情况。

本节采用内部一致性信度来考察问卷的信度,问卷总分的克伦巴赫α系数为0.81,分半信度系数为0.71,表明问卷总体内部一致性非常好。四个维度的克伦巴赫α系数分别为0.79、0.62、0.76、0.65,均达到可接受的水平。谦虚认知和谦虚动机这两个维度的内部一致性信度相当好,而谦虚情绪和谦虚行为这两个维度的内部一致性信度仅达到可接受的水平,这可能是由于谦虚情绪和谦虚行为的内涵还不是很明确,或是因为项目的表达可能让被试产生混淆或误解,在今后项目编制上还有待进一步完善。综合考虑,本节编制的大学生谦虚问卷具有良好的信度。

在编制问卷的过程中,我们将文献梳理的结果、相关测查的工具和参加编写问卷的各位心理学同仁所编写的项目统筹分析,问卷项目来源于文献综述,参加编写问卷的各位心理学专家、学者所编写的项目以及国内外相关谦虚的测评工具。在形成正式问卷的每个环节均请专家学者对筛选的项目进行多次评定、删除、调整、修改。这些过程在一定程度上保证了问卷具有较好的内容效度。

采用验证性因素分析法检验问卷的构念效度。该问卷各维度与总问卷的相关为0.3~0.8,且达到显著水平;各维度之间的相关为0.1~0.6,这与心理学家Tuker的理论相符,可见各因素间呈中等偏低的相关,说明因素之间具有一定的独立性。说明各个因素较好地反映了问卷所要测查的内容,具有较高的归属性。这表明本问卷具有较好地构念效度。此外,验证性因素分析发现,χ^2/df 的值为2.25,小于5,NFI、RFI、IFI、TLI、CLI的结果均大于0.85,RMSEA的值小于0.05,说明模型的拟合程度良好,问卷的构念效度较好。

综上所述,本节自编的大学生谦虚问卷具有良好的信度和效度,可以作为测量大学生谦虚心理的初步工具。当然,由于谦虚心理是一个复杂的心理现象,在后续研究中,应该进一步完善问卷的编制,以为谦虚心理研究提供更好的测量工具。

附录 大学生谦虚问卷

亲爱的同学：

您好！

下面是一组了解人们日常待人接物、为人处世态度的问题，请认真阅读，按照自己的真实想法作答。请您在最符合您真实想法的选项上画"√"。您的答案无对错好坏之分，我们所搜集的信息仅用于科学研究，绝对保密。谢谢您的合作！

1. 在人际交往过程中不应该自高自大。

    A. 非常不符合　　B. 不符合　　C. 不确定　　D. 符合　　F. 非常符合

2. 谦虚的人让人觉得有修养。

    A. 非常不符合　　B. 不符合　　C. 不确定　　D. 符合　　F. 非常符合

3. 谦虚可以避免人际冲突。

    A. 非常不符合　　B. 不符合　　C. 不确定　　D. 符合　　F. 非常符合

4. 谦虚的人可以给人留下好印象，获得他人的尊重。

    A. 非常不符合　　B. 不符合　　C. 不确定　　D. 符合　　F. 非常符合

5. 谦虚的言行能拉近人与人之间的距离。

    A. 非常不符合　　B. 不符合　　C. 不确定　　D. 符合　　F. 非常符合

6. 与不炫耀自己成就的人打交道，让人感到愉悦、没有距离感。

    A. 非常不符合　　B. 不符合　　C. 不确定　　D. 符合　　F. 非常符合

7. 我常常会因保持低调的言行而得到别人的欣赏和褒奖。

    A. 非常不符合　　B. 不符合　　C. 不确定　　D. 符合　　F. 非常符合

8. 在别人面前炫耀自己是最有可能招人讨厌的。

    A. 非常不符合　　B. 不符合　　C. 不确定　　D. 符合　　F. 非常符合

9. 在众人面前吹嘘自己，从社交角度来讲是不能被接受的。

    A. 非常不符合　　B. 不符合　　C. 不确定　　D. 符合　　F. 非常符合

10. 过分地表现自己优点的人容易让人产生厌恶。

    A. 非常不符合　　B. 不符合　　C. 不确定　　D. 符合　　F. 非常符合

11. 对我来说很难和别人谈论自己的实力，即使我知道我的实力很强。

    A. 非常不符合　　B. 不符合　　C. 不确定　　D. 符合　　F. 非常符合

12. 别人要我向他描述我的优点时，我就会感到不安。

    A. 非常不符合　　B. 不符合　　C. 不确定　　D. 符合　　F. 非常符合

13. 每当我不得不向别人描述我的成功时,就会感到不舒服。

　　A. 非常不符合　　B. 不符合　　C. 不确定　　D. 符合　　F. 非常符合

14. 我不愿意跟别人讲述我的实力和成功。

　　A. 非常不符合　　B. 不符合　　C. 不确定　　D. 符合　　F. 非常符合

15. 即使明知自己做得很好,但是若要我用积极的语词描述自己,仍是一件很难的事。

　　A. 非常不符合　　B. 不符合　　C. 不确定　　D. 符合　　F. 非常符合

16. 当众谈论我的成功,我做不到。

　　A. 非常不符合　　B. 不符合　　C. 不确定　　D. 符合　　F. 非常符合

17. 在很重要的交往场所我保持低调,不炫耀自己。

　　A. 非常不符合　　B. 不符合　　C. 不确定　　D. 符合　　F. 非常符合

18. 在当众发言时我不会谈论自己的成绩或优点,即使谈到也只是轻描淡写一掠而过。

　　A. 非常不符合　　B. 不符合　　C. 不确定　　D. 符合　　F. 非常符合

19. 当有权威人士或比我优秀的同学在场时,我会保持低调,不会大肆谈论自己的优点。

　　A. 非常不符合　　B. 不符合　　C. 不确定　　D. 符合　　F. 非常符合

20. 在有老师或长辈的场合,我不会显露自己,更不会吹嘘自己。

　　A. 非常不符合　　B. 不符合　　C. 不确定　　D. 符合　　F. 非常符合

第二节　中国人谦虚心的结构

一、谦虚心的二元心理结构模型

此种分类是汪凤炎教授通过语义分析和古籍梳理提出的,根据谦虚的动机、目的将谦虚分为"价值观谦虚"(value modesty)和"工具性谦虚"(instumental modesty)。价值观谦虚是指个体认为谦虚是一种美德的理念,谦虚的终极目标是个体价值观的体现。而工具性谦虚是指个体不认可谦虚的价值观意义,只是将谦虚作为某种手段和工具,力图通过谦虚来实现自我的功利目的。有关学者还创立了谦虚二维模型结构,即将价值观谦虚作为一个维度,将工具性谦虚作为另一个维度①(如图4.2所示)。从谦虚二维模型结构图可以清楚地看出,两个维度分为四个象限,四个象限分别代表谦虚的四个方面,即圆满型谦虚(高工具性谦虚+高价值观谦虚)、信念型谦虚(低工具性谦虚+高价值观谦虚)、傲慢型谦虚(低工具性谦虚+低价值观谦虚)、工具型谦虚(高工具性谦虚+低价值观谦虚)。

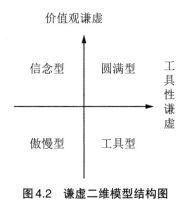

图4.2　谦虚二维模型结构图

(一)圆满型谦虚

圆满型谦虚是指个体在表现谦虚行为时,既具有高的价值观谦虚也具有高的工具性谦虚。也就是说,圆满型谦虚的个体既重视谦虚的价值观意义,又重视谦虚的工具性价值。个体视谦虚为一种美德,将谦虚作为自己理想追求的目标;同时也认为谦虚是个体达到目标的手段和工具,在实现自己的人生目标中起着重要作用。

圆满型谦虚的个体既把谦虚视为一种信仰追求,也追求谦虚给自己带来的实际利益,其主要表现为个体不自以为是、不自我称赞,表现出谦虚价值性的一面,符合谦虚作为一种美德和个人精神追求的特质。同时谦虚也给个体从客观上带来了名誉和物质上的利益。从这个意义上说,处于这一谦虚状态的个体既把谦虚当成一种固有的价值体现和人生境界去追求,同时也享受到谦虚带来的各种利益。

(二)信念型谦虚

信念型谦虚是个体在表现谦虚行为时具有高的价值性谦虚和低的工具性谦虚。也就是说,信念型谦虚的个体更看重谦虚的价值观意义,而不考虑谦虚的工具性意义。个体视谦虚为一种传统美德,并将谦虚做人作为自己的人生信条,而很少考虑谦虚的工具性价值,从来不把谦虚作为达到人生目标的工具和手段。

---

① 徐真真.谦虚二维模型的验证研究[D].南京:南京师范大学,2016.

信念型谦虚的个体只把谦虚当作一种价值追求和信仰,重视谦虚的价值性,而不在乎谦虚是否可以给自己带来现实利益。其主要表现为个体在学识、才华、地位、成就等方面的表现比较卓越与优异,但是不自居、不自傲。有如此大的成就而不自居,当然也就不会在意谦虚是否能给自己带来现实利益和好处。处于这一谦虚状态的个体把谦虚当成是一种美德和个人的人生信条来追求,拥有作为美德的纯价值性的谦虚,在提高自身修养的过程中不自觉地彰显了谦虚作为一种美德的价值。

(三)傲慢型谦虚

傲慢型谦虚是个体在表现谦虚行为时,既具有低的价值性谦虚,又具有低的工具性谦虚。也就是说,傲慢型谦虚的个体既不重视谦虚的价值观意义,也不重视谦虚的工具性价值。个体对谦虚这一传统美德不认同,同时也认为谦虚对于自我毫无用处,傲慢型谦虚的个体不识"天外有天,人外有人"的道理,为人处世常常目中无人、傲慢待人。

傲慢型谦虚的个体既不认同谦虚的道德价值,也认为谦虚不能给自己带来任何利益。从这个意义上说傲慢型谦虚也就是不谦虚,其主要表现为个体不会把谦虚当作一种个人修养去追求,因而个体常常会表现得骄傲自满、高傲自大、夸夸其谈、言过其实等。个体意识不到谦虚会给自己带来的现实利益和好处,也就不在乎高傲自大会给自己带来为人处世、声誉等方面的损失。

(四)工具型谦虚

工具型谦虚是个体在表现谦虚行为时具有低的价值性谦虚和高的工具性谦虚。也就是说,工具型谦虚的个体从来不关心谦虚的价值观意义,而是常常把谦虚作为实现自己功利目标的手段和工具。为此,在必要时个体会刻意假装谦虚,以博取对方的好感,获得自己的利益和好处。

工具型谦虚的个体一般不太认同谦虚的道德价值,但是为了自己能够得到利益和好处,在适当的时候会假装谦虚。个体只重视谦虚的工具性(即谦虚能给个体带来的现实利益),而不会把谦虚作为一种精神价值去追求。其主要表现为个体关注谦虚能给其带来的人际、声誉、成就等方面的实际利益,并不认为谦虚是一种优秀的人格特质和良好的道德修养,也不会把谦虚当成一种传统美德;通常个体会利用谦虚来避免灾祸,并且非常信奉"满招损、谦受益"这一信条。工具型谦虚的个体也常常会用谦虚来规避自满可能带来的灾祸,他们并不在乎谦虚的价值,而是把其当作趋利避害的工具。[①]

二、谦虚型人格特质的六因素结构模型

在中国传统文化里,谦虚是一个重要的概念。中国人崇尚谦虚由来已久,最早可追溯到上古时期,尧认为德的核心包括"允恭克让"[②],即诚信、恭勤、善能、谦虚。《易经·系辞下》载:"履,德之基也;谦,德之柄也。"[③]可见,在中国传统伦理道德中,人们非常注重个体谦虚道德品质的培养。时至今日,中国人仍把谦虚视为一种传统美德。对中国人来说,谦虚不仅是个体对现实生活的感悟,也是对理想人格的道德诉求。[④]谦虚是从道德特征转化而来的一种人格特质,是人格结构的重要组成部分,表现在个体的日常行为生活中。[⑤]中国人习惯于适度地展示自己的才华,从而赢得他人的认可。随着积极心理学和性格美德的兴起,谦虚越来越多地引起国内外心理学家的关注。[⑥]

关于谦虚内涵的界定,中西方存在不同理解。西方学者认为谦虚是个体对新经验和相反观点的自我评价,是个体正视自身优缺点、重视他人价值和不以自我为中心的自我评价,具有开放性;强调个体应该用正确客观的态度对待自己的优点和成就,并让他人知道自己的优点和成就[⑦]。而国内学者认为谦虚就是卑己尊人,个体采取一种低调或自我贬低的自我表现形式主动降低自己的成就,主动隐藏或回避自己的优势。[⑧]个体之所以贬低、隐藏或回避自己的优点和成就,其目的是把这些优点和成就留给他人来评价。[⑨]中西方对谦虚内涵认识的差异可能是由不同的

① 徐真真.谦虚二维模型的验证研究[D].南京:南京师范大学,2016.

② 王世舜,王翠叶.中华经典名著全本全注全译丛书:尚书[M].北京:中华书局,2012:3.

③ 周振甫.周易译注[M].北京:中华书局,2012:348.

④ 苗元江,梁小玲.谦虚研究述评[J].上海教育科研,2012(1):42-45.

⑤ 燕国材.论谦虚心与学习[J].上海教育科研,2010(10):52-54.

⑥ Zheng C,Wu Y.The more modest you are,the happier you are:the mediating roles of emotional intelligence and self-esteem[J].Journal of Happiness Studies,2020,21(5):1603-1615.

⑦ Tangney J.Humility:theoretical perspectives,empirical findings and directions for future research[J].Journal of Social & Clinical Psychology,2000,19(1):70-82.Davis D E,Hook J N,Worthington E L,et al.Relational humility:conceptualizing and measuring humility as a personality judgment[J].Journal of Personality Assessment,2011,93(3):225-234.

⑧ 胡金生.传统和现代视野中的自谦[J].心理学探新,2007,27(3):19-21,43.

⑨ Xiong M,Wang F,Cai R.Development and Validation of the Chinese Modesty Scale (CMS)[J].Frontiers in Psychology,2018,9:2014.

文化背景和不同的人格特质造成的。

从人格特质论的角度理解个体的谦虚内涵，有助于把握谦虚的心理结构。人格特质是个体相对持久而稳定的行为倾向，并使个体以相对一贯的方式对刺激做出反应。人们根据个体在某一特质上的表现可以将个体区别开来。[①]谦虚是人格结构的重要组成部分，真正的谦虚应该是诚实的、自尊尊人的表现，具有诚实性、稳定性、进取性等特点。[②]这其实是在强调，谦虚可以作为个体一种相对稳定的人格特质。中国人"大七人格"结构理论[③]将谦虚视为严谨自律的表现之一。李（Lee）和阿什特（Ashton）提出的人格HEXACO模型，将"诚实－谦虚"作为一个维度添加到"大五人格"中，认为"诚实－谦虚"是六大人格要素之一。可以看出，国内外学者均认为谦虚是一种稳定的人格特质。有研究发现谦虚人格特质可以预测个体的行为差异。[④]在日常生活中，拥有谦虚特质的个体和缺乏谦虚特质的个体在知、情、行等多方面存在很大的区别，可以通过谦虚人格特质进行区分。孔子把个体是否具有谦虚品质作为区分"君子"和"小人"人格的标准之一。[⑤]大量的研究发现，谦虚作为一种积极人格特质，在一定程度上影响着个体的生活态度、社会适应和心理健康。其一，谦虚与个体的积极生活态度有关。谦虚有助于维护和谐的人际关系、赢得积极的社会评价和良好的团队表现。其二，谦虚有利于个体社会适应能力的发展。有研究发现，具有谦虚特质的个体对他人的愤怒、敌意和攻击性等不良情绪出现得较少，能够表现出更好的社会适应能力。其三，谦虚对个体心理健康发展具有积极作用。谦虚可以提高个体的心理幸福感，降低抑郁倾向，增进个体的生活满意度。这些研究表明，谦虚是一种有价值的人格特质，在个体生活态度、社会适应以及心理健康等关键领域具有显著的实用功能。综上，国内外学者从不同的视角对谦虚进行了深入细致的研究，并取得了丰硕的成果，但还较少有将谦虚作为一种个体的心理特质进行系统探究的，中国人谦虚型人格特质的心理结构尚不清楚。故此，为了更加全面、深入地研究中国人谦虚人格特质，本节尝试将谦虚作为一种个体差异变量纳入人格心理学中进行探究，并探索中国人谦虚型人格特质的心理结构。

① 赵欢欢，许燕，张和云.中国人敬畏特质的心理结构研究[J].心理学探新，2019，39（4）：345-351.

② 燕国材.论谦虚心与学习[J].上海教育科研，2010（10）：52-54.

③ 崔红，等.中国人人格结构的确认与形容词评定结果[J].心理与行为研究，2003，1（2）：89-95.

④ Ashton M. C, Lee K.The prediction of honesty-humility-related criteria by the hexaco and five-factor models of personality[J].Journal of Research in Personality，2008，42（5）：1216-1228.

⑤ 汪凤炎，郑红.孔子界定"君子人格"与"小人人格"的十三条标准[J].道德与文明，2008（4），46-51.

心理学的实证研究必须以测量工具的开发为先导。[1]有关谦虚的实证研究在国内虽已取得一定进展，但全面、深入地考察中国人谦虚型人格特质的实证研究较少。究其原因可能是缺乏相应的测量工具。鉴于此，本节在借鉴国内外已有的理论和实证研究成果的基础上，利用开放式问卷调查和深度访谈方法探讨中国人谦虚型人格特质的心理结构，并进一步编制出符合我国文化背景的、信效度较好的谦虚型人格特质的测量量表。

（一）谦虚型人格特质的心理结构

1. 开放式问卷调查

（1）研究对象。采用方便取样的方法从安徽省某高校选取215名大学生作为研究对象，发放开放式问卷，获得有效问卷212份。其中，男生91人，女生121人；大一61人，大二50人，大三53人，大四48人；年龄范围为17～24岁。

（2）调查程序。由研究者主持测试，发放开放式问卷，所有被试在明白答题指导语后方可作答。开放式问卷具体内容为：① 你对谦虚是如何理解的?（至少5条）② 请你写出谦虚品质的外在行为表现和内在心理特征（至少5条）。要求被试不限定时间，写得越多越好。约30分钟后，被试全部填写完毕，研究者现场回收所有问卷。随后对开放式问卷调查结果进行讨论、整理、分类，共获得与谦虚型人格特质有关的具体词汇或句子1619条。

2. 深度访谈

对在开放式问卷调查中愿意接受访谈的18名大学生（男8人、女10人）进行访谈。访谈以谦虚的内涵、类型、动机、表现、功能、评价为线索，侧重考查被访者对谦虚的认识、情感、动机、行为表现和可能的心理发展历程。访谈过程遵循预先制定的访谈提纲，以保证访谈内容围绕主题进行。访谈时间控制在45分钟左右，以信息饱和为标准。

3. 内容分析

对开放式问卷结果进行频数分析，对极富个人特色的回答进行删除、抽象或归纳，确保项目具有普遍性、适切性。具体做法为：首先，对仅有一位被试回答的答案给予删除；其次，依据概率论原理，邀请2位心理学教授、1位心理学博士和1位心理学硕士对所有被试回答答案小于5%的给予删除、抽象或归纳；最后，删除不符合谦虚人格特质的答案，在保证回答内涵不变的情况下，把具体的描述抽象

---

① 汤舒俊,郭永玉.中国人厚黑人格的结构及其问卷编制[J].心理学探新,2015,35(1):72-77.

化,并按照内容分析进行归纳。如此共获得与谦虚型人格特质有关的具体词汇或句子1619条;然后按照同义的词句合并、近义的词句不合并的原则,对上述获得条目进行整理,并参考已有谦虚量表的条目对条目进行润色,最后对合并后的条目进行分类,最终发现中国人谦虚型人格特质的内涵和特点包括六个方面,具体见表4.4。

表4.4　谦虚型人格特质六维度及代表性题目

序号	维度	维度描述	代表性题目
1	亲和性	反映谦虚是指向他人,避免个体过分表现自己而导致人际冲突。认为谦虚是给他人留下好印象,提高自己的人际吸引力	与谦虚的人交往,我总是感觉很愉快
2	工具性	反映个体力图通过谦虚来实现其他功利目的。认为谦虚是个体达到人际关系和谐的一种工具或手段	谦虚是交往场合的要求
3	低调性	反映个体不抬高自己、不自夸、处处保持低调的一种行事方式。认为谦虚是一种低调的态度和行为模式	藏巧露拙、做人低调是一种做人智慧
4	进取性	反映个体不满足于现状而有进一步学习的意识。认为谦虚是一种以退为进的策略	我坚信谦虚使人进步
5	道德性	反映个体通过谦虚展示其道德修养,体现抽象的道德价值理念。认为谦虚是符合中国人的道德准则	我认为谦虚是中华民族的传统美德之一
6	真诚性	反映个体对自身的不满或为了表达对他人崇敬和感激之情的内心感受。认为谦虚是真诚的、意识不到的自然流露	我之所以谦虚是因为觉得自己确实有待改进

4. 维度的基本构想

基于上述结果,初步建构出中国人谦虚型人格特质模型,它包括亲和性、工具性、低调性、进取性、道德性、真诚性六个维度(如图4.3所示)。

图4.3　中国人谦虚型人格特质的六维构想

(二)谦虚型人格特质量表的编制过程

1. 初测量表的形成过程

对开放性问卷和深度访谈中所发现的项目和经典词句根据其内涵进行整理、

合并和修订,以能够较好地反映人格特质,较好地反映初步的理论构想,表达以无歧义、简洁、易懂为标准。然后参考已有量表(USIS、USMS、MRS和CMS①)的项目,通过归纳、提炼、加工形成了包含44个项目的谦虚型人格特质量表(预测版),采用Likert 5点计分,从1(非常不同意)到5(非常同意)进行评定,所有项目均为正向计分,要求被试根据自身真实情况或想法作答。

2. 研究对象

运用谦虚型人格特质量表(预测版),采用整群取样方法选取安徽省2所高校大学生进行现场施测,剔除漏填过多、胡乱作答等问卷,最后得到有效问卷222份。其中男生112人,女生105人,性别信息缺失者5人;大一61人,大二57人,大三54人,大四50人;年龄范围为18~24岁。

3. 项目分析

问卷回收后,首先对量表的项目进行项目分析。将量表按照总分由低到高排列,分别取低分端(27%)和高分端(27%)作为低分组和高分组,对两组被试在各项目的得分平均数的差异进行检验。结果发现,量表有1个项目的决断值(CR值)未达到显著水平($p > 0.05$),其他项目的决断值(CR值)均达到显著水平($p < 0.05$)。其次,运用相关分析进行区分度检验。选取各项目得分与量表总得分进行区分度检验,结果显示,按照测量学家埃贝尔(I. Ebel)区分度指数优劣评鉴标准,5个项目区分度指数小于0.2,应予以删除,至此初测量表共剩余38个项目。

4. 探索性因素分析

对剩余的38个项目进行探索性因素分析。首先进行KMO检验和Bartlett球形检验发现,KMO值为0.91,Bartlett球形检验结果显著($\chi^2 = 4226.94$,$df = 231$,$p < 0.001$),表明该量表适合进行探索性因素分析。其次,运用主成分分析法和正交极大值方程旋转法进行因素分析,根据特征值和碎石图抽取共同因素,然后按照下列标准删除不适合的项目:① 因素负荷值小于0.4的项目;② 共同度小于0.3的项目;③ 在2个或2个以上因素的负荷高于0.3的项目;④ 只有1个或2个项目因素的项目。经过多次探索,删除16个项目,保留22个项目。对保留的22个项目进行探索性因素分析、碎石陡阶检验发现,特征值从第7个拐点开始趋于平缓。22个项目出现了明显的六因素结构,六因素分别解释总变异为8.31%~11.56%,共解释总变异的58.93%;22个项目在各自因素上都有较高的负荷值,最高负荷为0.84,最低负荷为0.57,所有项目的共同度为0.41~0.76,抽取的六个因素的特征值为1.83~2.54,具体见表4.5。

---

① USIS为大学生自谦认同量表;USMS为大学生自谦动机量表;MRS为谦虚反应量表;CMS为中国人谦虚量表。

表4.5　谦虚型人格特质量表的探索性因素负荷矩阵（n=222）

题号	项目	项目来源	F1	F2	F3	F4	F5	F6	共同度
1	与谦虚的人交往，我总是感觉很愉快	自编	0.75						0.64
2	为了不让别人尴尬，我会隐藏自己的某些优势	USIS#1	0.7						0.55
3	谦虚的人让人觉得和蔼	自编	0.64						0.6
4	我觉得行事低调的人更有亲和力	USIS#9	0.62						0.43
5	我欣赏谦谦君子，乐意与其交往	CMS#2&HS#28	0.57						0.43
6	谦虚是交往场合的要求	USMS#1		0.8					0.69
7	谦虚是为了避免与人冲突	USMS#4		0.79					0.66
8	谦恭的仪态或举止容易给人留下好印象	USIS#6		0.67					0.62
9	谦虚是为了建立和维护和谐的人际关系	自编		0.57					0.50
10	在人际场合下，我会避免高调的言论	自编			0.7				0.6
11	藏巧露拙、做人低调是一种做人智慧	CMS#6&MRS#12			0.68				0.5
12	我会在发表成功感言时强调别人的帮助和支持	USIS#5			0.67				0.57
13	我相信"枪打出头鸟"	USMS#7			0.62				0.41
14	我非常认同"三人行，必有我师焉"	自编				0.84			0.76
15	我认为谦虚的人勤奋好学	自编				0.79			0.7
16	我坚信谦虚使人进步	自编				0.7			0.56
17	我认为谦虚是中华民族的传统美德之一	CMS#1					0.81		0.73
18	即使谦虚有时让我显得不那么出众，我仍认同谦虚品质	USIS#4					0.79		0.69
19	谦虚是个人修养应追求的目标之一	CMS#11					0.65		0.6

题号	项目	项目来源	F1	F2	F3	F4	F5	F6	共同度
20	我之所以谦虚是觉得自己确实有待改进	USMS#9						0.72	0.6
21	谦虚是因为感激对方	USMS#10						0.65	0.6
22	谦虚的人值得他人尊重	自编						0.62	0.53
特征值			2.54	2.29	2.24	2.08	1.99	1.83	
解释变异量(%)(共58.93%)			11.56	10.4	10.17	9.44	9.05	8.31	

根据因素分析结果,参照谦虚型人格特质结构六因素假设和项目的内涵,将抽取的因素进行命名。分别为因素1(F1):亲和性(5个项目);因素2(F2):工具性(4个项目);因素3(F3):低调性(4个项目);因素4(F4):进取性(3个项目);因素5(F5):道德性(3个项目);因素6(F6):真诚性(3个项目)。

(三) 谦虚型人格特质量表的信效度检验

1. 研究对象

参与本次施测被试共1024人,包括在校大学生和已参加工作人员。采用整群取样方法选取安徽省、河南省、浙江省共3所高校的大学生进行现场施测,剔除漏填过多、胡乱作答等问卷,最后得到有效问卷701份。其中,男生377人,女生287人,性别信息缺失者37人;大一198人,大二178人,大三183人,大四142人;年龄范围为18~24岁。另外,通过线上对已参加工作人员发放问卷,最后收到有效问卷323份。其中,男性143人,女性180人;年龄范围为22~56岁。

2. 研究工具

(1) 谦虚型人格特质量表(正式版)。采用上述编制的共包含22个项目的"谦虚型人格特质量表(正式版)"进行研究,采用Likert 5点计分,从1(非常不同意)到5(非常同意)进行评定,评分越高说明谦虚型人格特质越明显。

(2) 效标工具。采用胡金生编制了大学生自谦认同度评定量表(USIS)[①],该量表由15个项目组成,包括防御性、自我完善和提升形象三个维度。量表采用Likert 5点计分,要求被试从1(完全不同意)到5(完全同意)中进行选择作答;评分越高说明大学生对谦虚认同度越高。本节总量表的内部一致性 α 系数

---

① 胡金生.中国人自谦的动机及其与主观幸福感的关系[J].辽宁师范大学学报(社会科学版),2009,32(5):48-51.

为0.81。

3. 信度分析

通过对谦虚型人格特质量表(正式版)收集数据的分析,结果显示,整个量表内部一致性α系数为0.87,亲和性、工具性、低调性、进取性、道德性和真诚性六个因素的内部一致性α系数分别为0.74、0.76、0.69、0.75、0.73、0.62。相隔4周后,从参与正式施测的被试($n=1024$)中选取120名大学生被试(男生75人、女生45人)进行重测。结果显示,总量表的重测信度为0.88,六个因素的重测信度分别为0.74、0.77、0.69、0.7、0.72、0.61。

4. 效度分析

(1) 结构效度。首先,运用AMOS 7.0软件对谦虚型人格特质量表(正式版)所获得的数据进行验证性因素分析。结果显示,谦虚型人格特质六因素结构模型拟合指数均达到了可接受的程度(如图4.4所示),这说明该量表有较好的结构效度。

其次,进行竞争模型比较,验证量表的六因素模型为最优模型。将谦虚人格特质视作单一因素结构,即单因素模型。再参考胡金生、黄希庭对谦虚的分类,将谦虚分为实性谦虚和虚性谦虚两种:实性谦虚反映了一个人的道德修养(道德性),是自己永远觉得有待进一步改进的学习态度(进取性),反映的是个体的自我完善,其规范原则是真诚性(不是只合乎外在"礼"的貌似恭,而是要有真情实感)和适度性(自我节制的心态,拿捏分寸、求取恰如其分的最佳状态,反映的是亲和性),即和谐性原则;而虚性谦虚是一种自我表现策略,是为了达到某种目的而采取的策略性行为,即工具性,其主要表现为低调性。[①]另外,谦虚可以避免自己过分突出而导致人际冲突,个体应该表现出真诚性,具有人际和谐的价值,即和谐性。因此,可以建立以下五种模型,即二因素模型:实性谦虚(亲和性+真诚性+进取性+道德性),虚性谦虚(工具性+低调性);三因素模型:和谐性(亲和性+真诚性),自我完善(进取性+道德性),虚性谦虚(工具性+低调性);四因素模型:和谐性(亲和性+真诚性),工具性,低调性,自我完善(进取性+道德性);五因素模型:和谐性(亲和性+真诚性),工具性,低调性,进取性,道德性;原模型为六因素模型:亲和性,工具性,低调性,进取性,道德性,真诚性。由表4.6的结果可知,六因素模型的拟合指数均优于另外五种竞争模型,说明六因素模型是较为理想的模型。据此可以初步认为谦虚型人格特质具有六个因素。

---

① 胡金生,黄希庭.自谦:中国人一种重要的行事风格初探[J].心理学报,2009,41(9):842-852.

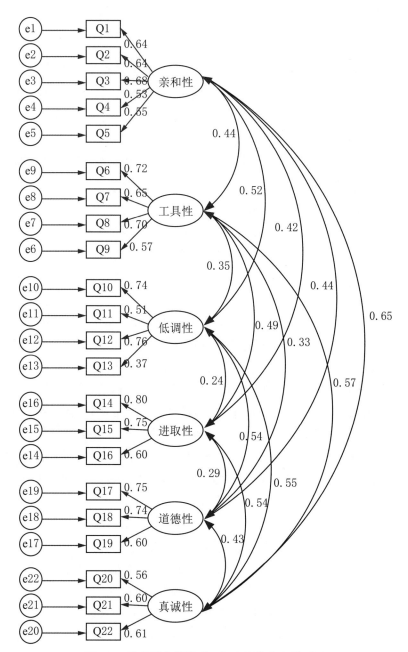

图4.4 谦虚型人格特质六因素结构方程模型图

表4.6 谦虚型人格特质量表结构与竞争模型的拟合指数比较表（n=1024）

模型指数	χ^2/df	GFI	NFI	IFI	TLI	CFI	RMSEA
单因素模型	9.66	0.77	0.53	0.55	0.51	0.55	0.112
二因素模型	9.54	0.76	0.53	0.56	0.51	0.56	0.111

续表

模型指数	χ^2/df	GFI	NFI	IFI	TLI	CFI	RMSEA
三因素模型	8.29	0.78	0.60	0.63	0.58	0.63	0.103
四因素模型	5.38	0.86	0.75	0.78	0.75	0.78	0.080
五因素模型	3.08	0.92	0.86	0.90	0.88	0.90	0.055
六因素模型（原模型）	2.56	0.94	0.90	0.93	0.91	0.93	0.048

（2）内部一致性检验。采用内部一致性效度对量表的效度再次检验，对量表的各因素得分与总分进行相关分析（见表4.7）。根据心理学家Tuker的理论，一个良好量表的结构要求因素与总量表的相关系数为0.3～0.8。谦虚型人格特质量表各因素与总量表相关系数为0.59～0.72，为中到高度正相关，表明各因素与总体概念一致。六个因素间的相关系数为0.20～0.41，说明六个因素之间既相互联系又彼此独立。

表4.7　谦虚型人格特质量表各因素、总量表、效标之间的相关矩阵（n=1024）

	Ⅰ	Ⅱ	Ⅲ	Ⅳ	Ⅴ	Ⅵ	Ⅶ	Ⅷ	Ⅸ	Ⅹ	Ⅺ
Ⅰ	1										
Ⅱ	0.36**	1									
Ⅲ	0.38**	0.27**	1								
Ⅳ	0.34**	0.4**	0.2**	1							
Ⅴ	0.37**	0.29**	0.41**	0.26**	1						
Ⅵ	0.4**	0.37**	0.33**	0.39**	0.28**	1					
Ⅶ	0.72**	0.67**	0.66**	0.59**	0.63**	0.66**	1				
Ⅷ	0.31**	0.3**	0.25**	0.39**	0.3**	0.27**	0.36**	1			
Ⅸ	0.48**	0.47**	0.41**	0.37**	0.319**	0.5**	0.38**	0.4**	1		
Ⅹ	0.6**	0.39**	0.58**	0.35**	0.33**	0.41**	0.38**	0.38**	0.4**	1	
Ⅺ	0.39**	0.38**	0.33**	0.32**	0.3**	0.39**	0.39**	0.56**	0.7**	0.7**	1

注：1. ** 表示 $p < 0.01$；

2. Ⅰ为亲和性，Ⅱ为工具性，Ⅲ为低调性，Ⅳ为进取性，Ⅴ为道德性，Ⅵ为真诚性，Ⅶ为谦虚型人格特质，Ⅷ为防御性，Ⅸ为自我完善，Ⅹ为提升形象，Ⅺ为自谦认同度。

（3）效标关联效度。采用胡金生和黄希庭编制的大学生自谦认同度评定量表（USIS）计算效标效度，谦虚型人格特质与自谦认同度呈显著正相关（r=0.39，p＜0.01），与自谦认同度的三个因素（防御性、自我完善、提升形象）均达到显著正相关（r=0.36，r=0.38，r=0.38；p＜0.01）；谦虚型人格特质六个因素与自谦认同度三因素相关也均达到显著水平，相关系数为0.25～0.6，p＜0.01（见表4.7）。说明编制的谦虚型人格特质量表具有良好的效标效度。

(四)讨论

心理学领域探讨人格结构的方法有三种取向:其一,理论取向。从已有的相关理论出发来建构某种人格特质;其二,数据取向。首先通过开放式调查,对所得材料或数据进行统计分析,然后从中抽取不同的因素,建构某种人格特质;其三,理论取向和数据取向相结合。首先基于理论基础建构某种人格特质的结构,再通过数据材料对其进行修正。[①]这种理论取向和数据取向相结合的方式,可以提高所构思结构对于实证结构的"命中率"。[②]本节采用理论取向和数据取向相结合的方式建构了谦虚型人格特质的结构,首先通过文献梳理和开放式问卷调查提出谦虚型人格特质结构的六因素假设,然后基于实证数据验证了这一假设。

本节在以往研究经验的基础上,提出谦虚型人格特质六因素结构假设,采用开放式问卷调查和自编结构性量表,运用探索性因素分析和验证性因素分析,探查出谦虚型人格特质具有六个因素,即亲和性、工具性、低调性、进取性、道德性和真诚性。这六个因素分别从认知、情感、意志、动机、行为等不同方面描述了中国人的谦虚型人格特质。

其中,道德性反映的是个体对谦虚的认知方面,谦虚是符合中国人的道德原则,可以实现"克己复礼",可以展示人的道德修养,体现了抽象的道德价值理念。[③④]如《周易·系辞下》载:"履,德之基也;谦,德之柄也。"《王阳明集·卷三语录三》载:"谦者众善之基,傲者众恶之魁。"

真诚性反映的是谦虚的情感方面,谦虚不只是表现为合乎外显"礼"的恭敬,而是个体有感而发的、内心的真情实感,出于对自己某些方面的不满或为了向他人表达崇敬和感激之情。谦虚不是为了表现自己和做给别人看的,而是一种真诚的、个体自己也意识不到的自然流露;[⑤⑥]如《周易正义·上经需传卷二》载:"履道尚谦,不喜处盈,务在致诚,恶夫外饰者。"《朱子语类·卷七十易六》载:"谦而不贞,则近于

---

① 汤舒俊,郭永玉.中国人厚黑人格的结构及其问卷编制[J].心理学探新,2015,35(1):72-77.

② 江光荣.中小学班级环境:结构与测量[J].心理科学,2004,27(4):839-843.

③ 胡金生,黄希庭.自谦:中国人一种重要的行事风格初探[J].心理学报,2009,41(9):842-852.

④ 燕国材.论谦虚心与学习[J].上海教育科研,2010(10):52-54.

⑤ 胡金生.传统和现代视野中的自谦[J].心理学探新,2007,27(3):19-21,43.

⑥ Xiong M,Wang F,Cai R.Development and validation of the chinese modesty scale(CMS)[J].Frontiers in Psychology,2018(9):2014.

邪佞;处谦之极而有闻,则失谦本意。"

低调性和进取性反映的是谦虚的意志方面。低调性指不抬高自己、不自夸、处处保持低调的一种行事方式,是中国人的一种低调的态度和行为模式。[1][2]如《尚书·尧典》载:"允恭克让,光被四表。"《周易正义》载:"履道尚谦,不喜处盈,务在致诚,恶夫外饰者。"进取性是个体不满足于自身现状而产生进一步自我提升的意识。说明谦虚不是后退,而是为了前进,是一种以退为进的策略[3],是采用"隐"的方式达到"显"的效果[4]。如《周易程氏传》载:"安履乎谦,终身不易,自卑而人益尊之,自晦而德益光显。"《文子·辛钘卷十》载:"夫谦道,退故能先,守柔弱故能矜,自卑下故能高人,自损弊故实坚。"

工具性反映的是谦虚的动机方面,个体为了达到人际关系和谐和良好的自我形象所采取的一种工具或手段。工具性强调个体谦虚行为的目的,通过谦虚的自我表现来实现。[5][6]如《尚书·大禹谟》载:"满招损,谦受益。时乃天道。"《周易》载:"六四:无不利,撝谦,不违则也。"

亲和性反映的是谦虚的行为方面,谦虚可以提升自身形象和人际吸引力,避免人际冲突。谦虚是指向他人,为了维持人际关系和谐;并避免个体过分表现自己而导致人际冲突,具有人际和谐的价值。[7][8]如《老子·第二十二章》载:"不自见,故明;不自是,故彰;不自伐,故有功;不自矜,故长。"《管子·小称》载:"修恭逊、敬爱、辞让、除怒、无争,以相逆也,则不失于人矣。尝试多怒争利,相为不逊,则不得其身。大哉! 恭逊敬爱之道。"由六因素两两间相关系数和六因素与总量表间的相关系数可以看出,本节中谦虚型人格特质的六因素既相互联系又彼此独立。

谦虚型人格特质量表的编制遵照了理论取向和数据取向相结合的方式,不仅通过深度访谈、量表调查了解了谦虚型人格特质的内涵,同时也借鉴了中西方学者所建构的维度以及成熟量表的相关项目(见表4.5)。量表的编制按照心理测量学的原理和量表编制的基本程序,从最初的44个项目,经过项目分析、探索性因素分

---

① Xiong M, Wang F, Cai R.Development and validation of the chinese modesty scale (CMS) [J].Frontiers in Psychology,2018(9):2014.

② 胡金生,黄希庭.自谦:中国人一种重要的行事风格初探[J].心理学报,2009,41(9):842-852.

③ 燕国材.论谦虚心与学习[J].上海教育科研,2010(10):52-54.

④ 同②。

⑤ 同①。

⑥ 胡金生.传统和现代视野中的自谦[J].心理学探新,2007,27(3):19-21,43.

⑦ 同②。

⑧ Zheng C, Wu Y.The more modest you are, the happier you are: the mediating roles of emotional intelligence and self-esteem[J].Journal of Happiness Studies,2020,21(5):1603-1615.

析,最终形成包含22个项目的谦虚型人格特质量表。运用谦虚型人格特质量表(正式版)调查后,进行了内部一致性系数检验和重测信度检验。结果表明,谦虚型人格特质量表的内部一致性 α 系数为0.87,重测信度为0.88,六因素的内部一致性 α 系数为0.62~0.76,重测信度为0.61~0.77,这说明谦虚型人格特质量表具有良好的信度指标。

本节运用了结构效度、内部一致性效度和效标关联效度三种方法检验谦虚型人格特质量表的效度。结构效度结果显示,谦虚型人格特质抽取六因素最为合理,且六因素模型的拟合指标良好,累计方差贡献率为58.93%。对建构的六因素模型进行验证性因素分析,并将其与五个竞争模型(单因素模型、二因素模型、三因素模型、四因素模型、五因素模型)进行比较,结果表明六因素模型的拟合性最好。内部一致性检验结果表明,六因素与总量表的相关系数为0.59~0.72,说明各因素与总体概念一致;六因素两两之间均达到显著相关,表明中国人谦虚型人格特质中不同成分既相互联系又彼此独立。效标效度分析结果表明,谦虚型人格特质量表及其六因素与自谦认同度评定量表及其三个维度之间均达到显著正相关,说明谦虚型人格特质量表的效标关联效度良好。

综上所述,谦虚型人格特质量表的编制过程符合心理测量学的各项指标要求,具有良好的信度和效度,可以作为进一步研究谦虚型人格特质的有效测量工具。

(五)研究结论

本节采用理论取向和数据取向相结合的方式建构了谦虚型人格特质的结构。通过严谨的统计分析,谦虚型人格特质六因素理论构想得到证实,谦虚型人格特质由亲和性、工具性、低调性、进取性、道德性和真诚性六个因素构成,分别从认知、情感、动机、意志和行为五个方面阐明人们共同拥有的心理结构;另外,编制的谦虚型人格特质量表具有良好的信效度,符合心理测量学的要求,可作为中国人谦虚型人格特质的测评工具。

附录 谦虚型人格特质量表

亲爱的同学:

您好!

下面是一组了解人们日常待人接物、为人处世态度的问题,请认真阅读,按照自己的真实想法作答。请您在最符合您真实想法的选项上画"√",您的答案无对错好坏之分。我们所搜集的信息仅用于科学研究,绝对保密。谢谢您的合作!

1. 与谦虚的人交往,我总是感觉很愉快。

　　A. 非常不同意　　B. 不同意　　C. 不确定　　D. 同意　　E. 非常同意

2. 为了不让别人尴尬,我会隐藏自己的某些优势。

　　A. 非常不同意　　B. 不同意　　C. 不确定　　D. 同意　　E. 非常同意

3. 谦虚的人让人觉得和蔼。

　　A. 非常不同意　　B. 不同意　　C. 不确定　　D. 同意　　E. 非常同意

4. 我觉得行事低调的人更有亲和力。

　　A. 非常不同意　　B. 不同意　　C. 不确定　　D. 同意　　E. 非常同意

5. 我欣赏谦谦君子,乐意与其交往。

　　A. 非常不同意　　B. 不同意　　C. 不确定　　D. 同意　　E. 非常同意

6. 谦虚是交往场合的要求。

　　A. 非常不同意　　B. 不同意　　C. 不确定　　D. 同意　　E. 非常同意

7. 谦虚是为了避免与人冲突。

　　A. 非常不同意　　B. 不同意　　C. 不确定　　D. 同意　　E. 非常同意

8. 谦恭的仪态或举止容易给人留下好印象。

　　A. 非常不同意　　B. 不同意　　C. 不确定　　D. 同意　　E. 非常同意

9. 谦虚是为了建立和维护和谐的人际关系。

　　A. 非常不同意　　B. 不同意　　C. 不确定　　D. 同意　　E. 非常同意

10. 在人际场合下,我会避免高调的言论。

　　A. 非常不同意　　B. 不同意　　C. 不确定　　D. 同意　　E. 非常同意

11. 藏巧露拙、做人低调是一种做人智慧。

　　A. 非常不同意　　B. 不同意　　C. 不确定　　D. 同意　　E. 非常同意

12. 我会在发表成功感言时强调别人的帮助和支持。

　　A. 非常不同意　　B. 不同意　　C. 不确定　　D. 同意　　E. 非常同意

13. 我相信"枪打出头鸟"。

　　A. 非常不同意　　B. 不同意　　C. 不确定　　D. 同意　　E. 非常同意

14. 我非常认同"三人行,必有我师焉"。

　　A. 非常不同意　　B. 不同意　　C. 不确定　　D. 同意　　E. 非常同意

15. 我认为谦虚的人勤奋好学。

　　A. 非常不同意　　B. 不同意　　C. 不确定　　D. 同意　　E. 非常同意

16. 我坚信谦虚使人进步。

　　A. 非常不同意　　B. 不同意　　C. 不确定　　D. 同意　　E. 非常同意

17. 我认为谦虚是中华民族的传统美德之一。

A. 非常不同意　　B. 不同意　　C. 不确定　　D. 同意　　E. 非常同意

18. 即使谦虚有时让我显得不那么出众,我仍认同谦虚品质。

A. 非常不同意　　B. 不同意　　C. 不确定　　D. 同意　　E. 非常同意

19. 谦虚是个人修养应追求的目标之一。

A. 非常不同意　　B. 不同意　　C. 不确定　　D. 同意　　E. 非常同意

20. 我之所以谦虚是因为觉得自己确实有待改进。

A. 非常不同意　　B. 不同意　　C. 不确定　　D. 同意　　E. 非常同意

21. 谦虚是因为感激对方。

A. 非常不同意　　B. 不同意　　C. 不确定　　D. 同意　　E. 非常同意

22. 谦虚的人值得他人尊重。

A. 非常不同意　　B. 不同意　　C. 不确定　　D. 同意　　E. 非常同意

第三节　中国人谦虚心的类型和特点

一、中国人谦虚心的类型

通过文献搜索发现,我国古代典籍将谦虚也做了分类,即把谦虚分为实性谦虚和虚性谦虚。如《易》中有"大足以守天下,中足以守国家,小足以守其身"[1];《离娄章句上》中有"恭俭岂可以声音笑貌为哉"[2]。

(一) 实性谦虚

实性谦虚反映了一个人的道德修养,是自己永远觉得有待进一步改进的学习态度。"实性谦虚"具有两个原则:一是"真性",即谦虚强调的不是只合乎外在"礼"貌似恭,而是要有真情实感的;二是"适度性",即谦虚不仅强调"履内居中",还要在整体上把握阴阳态势、保持自我节制的心态,认为古人追求的是自信和豁达之谦,而不是走向卑微和怯懦。

---

① 刘向.说苑校证[M].向宗鲁,校证.北京:中华书局,1991:241.

② 万丽华,蓝旭.孟子[M].北京:中华书局,2006:160-161.

实性谦虚是诚实的、是自尊尊人的表现。真正的谦虚应该具备诚实性、进取性、稳定性、不满足、不骄傲、无成见等六种特征,真正的谦虚是个体在知识深渊、能力超群而不是在知识浅薄、能力拙劣的情况下仍能保持谦虚。[①]《易·谦卦》中有"九三,劳谦君子,有终吉。象曰:劳谦君子,万民服也"。九三爻是本卦唯一的阳爻,又处在下卦的最上位,象征负有重大责任的人物。九三有刚毅之性,阳爻阳位得正,上下五个阴爻,都信赖以他为重心。[②]因而,必然辛劳而有功,但却依然保持谦逊的态度。这样的君子,最后必然吉祥,可使万民归心。这一爻,说明谦虚必须有实质,有功而不居才是真正的谦虚。孔子非常赞成中国文化中真诚谦虚的精神,大加赞扬身退之道,尤其对吴泰伯、伯夷、叔齐等不肯当帝王的这些人,称赞有加。并不是说他鼓励人不要当皇帝、不要搞政治,而是说有才干的话,就好好干一番,成功了就退隐而不居功。[③]谢觉哉认为"一知半解的人,多不谦虚;见多识广有本领的人,一定谦虚"[④]。

(二) 虚伪的谦虚

虚性谦虚则是一种自我表现策略,是为了达到某种目的而采取的策略性行为。它也具备两个特征:一是"虚伪性",其典型表现是言行相悖,表面以谦为名造立施化,实际上却暗藏心机,结果是谦虚被"溺乎其文,忘乎其实";二是"怯懦性",谦虚的实质是自胜自强,不是轻视自己,它所代表的是积极进取、有所作为的精神。

虚伪的谦虚是不诚实的、自欺欺人的。虚伪的谦虚不完全具备谦虚的六种基本特征。因为虚伪的谦虚心不包含进取性这一基本特征,所以可以说无所作为,过度的谦虚也是一种虚伪的谦虚。[⑤]《易·谦卦》曰:"六四,无不利,撝谦。"《象传》曰:"无不利,撝谦,不违则也。"[⑥]这里似是提出谦还有一个守则的问题。按爻位来说,六四阴居阴位,为正,但是,它居于九三之上,为乘,这就不太好,宜戒。朱熹解释"不违则",说是"言不为过"。看来,谦虚也有个度,不能太过分,特别是不要矫情。谦如过分,就虚伪;谦如矫情,则做作。虚伪、做作均让人生厌。朱熹还有云:"谦固美名,过谦者,宜防其诈。"[⑦]国学大师季羡林也认为有意的、过分的谦虚就等于虚伪

---

① 燕国材.论谦虚与学习[J].上海教育科研,2010(10):52-54.

② 周振甫.周易译注[M].北京:中华书局,2012:79.

③ 南怀瑾.南怀瑾选集[M].上海:复旦大学出版社,2013:156.

④ 谢觉哉.杂文选[M].北京:人民文学出版社,1980:51.

⑤ 燕国材.论谦虚与学习[J].上海教育科研,2010(10):52-54.

⑥ 周振甫.周易译注[M].北京:中华书局,2012:79.

⑦ 季羡林.谦虚与虚伪[J].南北桥(国学),2010(7):53-53.

的谦虚。[①]

不过,如果只把"谦"的行为方式作为其意义的全部,并使之成为司空见惯的生活方式,就可能丢掉其精神实质,此时谦虚的"名"和"实"就被本末倒置了。[②]实性谦虚和虚性谦虚反映了它既受利益驱动,也受情感驱动的双重性。胡金生根据两种谦虚的分离或结合来提出谦虚的四种运作模式[③]:

1. 礼貌式

礼貌性谦虚,较少利益纠葛,也没有多少真情实感。不过这种谦虚,也需要克服"愚蔽偏执之情"和"强暴冲动之气"。

2. 崇敬式

"真诚性"高,"工具性"低。是由于尊重对方有感而发的谦虚,其心理机制类似于社会比较中的反射过程,通过把他人看作扩大的自我,体验和共享他人的荣誉来维护积极的自我评价。

3. 逃避式

此时的自我评价具有真实性,还可以掩饰不自信,成为逃避失败和缓冲过低自我评价的借口。

4. 隐忍式

为了某种利益而委曲求全,其"工具性"高,而"真诚性"不足,是"小不忍,则乱大谋"。不难看出,这些方式均可用来维护和提升自尊。

名人名言摘录

真正的谦虚只能是对虚荣心进行了深思以后的产物。　　——[法国]柏格森

有兼听之明,而无奋矜之容;有兼覆之厚,而无伐德之色。　　——荀子

虚伪的谦虚,仅能博得庸俗的掌声,而不能求得真正的进步。　　——华罗庚

二、中国人谦虚心的特点

燕国材在论述谦虚与学习的关系时,分析总结出中国人谦虚心的六个基本特

---

① 陈望衡.周易玄机[M].北京:东方出版社,2011:76.

② 胡金生,黄希庭.自谦:中国人一种重要的行事风格初探[J].心理学报,2009,41(9):842-852.

③ 胡金生.传统和现代视野中的自谦[J].心理学探新,2007,27(3):19-21,43.

征,认为中国人的谦虚心存在一系列的特点,而揭示这些特点,有助于进一步了解谦虚的性质。[①]

(一) 诚实性

谦虚具有诚实性的特点。就是说,一个人之所以谦虚,既不是为了表现自己,也不是做给别人看的,而是出自一片真诚的自然流露,连他自己也没有意识到;否则,"当你意识到自己是个谦虚的人的时候,你马上就已经不是个谦虚的人了"(列夫·托尔斯泰)。比如,拿"以能问于不能,以多问于寡;有若无,实若虚"(曾参)来说,出自真心实意,才是谦虚的表现;否则,就只能是一种自欺欺人的虚伪伎俩而已。

(二) 进取性

一个具有谦虚心的人,他必定会胜不骄、败不馁。这是因为谦虚不是为了后退,而是为了前进。爱因斯坦说:"用一个大圆圈代表我学到的知识,但是圆圈之外是那么多空白,对我来说就意味着无知。由此可见,我感到不懂的地方还大得很呢!"这不仅是爱因斯坦谦虚心的表白,更说明谦虚具有进取性,即爱因斯坦之所以谦虚,是为了获取"大圆圈"之外更多未知的东西。

(三) 稳定性

一个具有谦虚心的人,他会时时谦虚、处处谦虚、事事谦虚,这就是谦虚心稳定性的表现。知识越丰富越谦虚、能力越高超越谦虚、事业越成功越谦虚,也都表明了谦虚的稳定性。那种因时、因地、因事而制宜的摇摆不定的所谓谦虚则是自欺欺人的,因此谦虚必须具有稳定性。当然,稳定的谦虚心并非一成不变,而是会随着某些主客观条件的发展变化而发展变化。

(四) 不满足

容易满足的个体常常自我陶醉,永不自满的个体则虚心向前。"知不足者好问,耻下问者自满"(林逋诗)。"研然后知不足,虚心是从知不足而来的"(华罗庚)。只有不满足的人,才会虚心接受别人的教诲,才会"不以所己臧(藏)害所将受"(荀子)。一个人正因为不满足,他才会谦虚;正因为他谦虚,才不会满足,如此良性

---

① 燕国材.论谦虚心与学习[J].上海教育科研,2010(10):52-54.

循环。

(五) 不骄傲

谦虚的对立面是"非谦虚"[①]，骄傲是"非谦虚"的一种；骄傲与不骄傲相对应，可见谦虚与不骄傲有一定的关系。其表现是，谦虚不等于不骄傲，即不骄傲的人不一定具有谦虚心；但有谦虚心必定不骄傲，因为一个人只要有丝毫的骄傲心，他就不可能有半点谦虚心。意大利诗人但丁曾说："骄傲、嫉妒、贪婪是三个火星，它们使人心爆炸。"

(六) 无成见

同谦虚与不骄傲的关系一样，谦虚不等于无成见，即无成见的人不一定具有谦虚心；但谦虚心必须含有无成见，因为一个人只要有半点成见在心，他就不可能有丝毫的谦虚心。

---

① 汪凤炎，郑红.中国文化心理学:增订本[M].广州:暨南大学出版社，2013:119.

第五章 │ 中西文化中 谦虚的比较

　　"谦虚使人进步，骄傲使人落后"这条至理名言人尽皆知，也很难说世界上哪个民族没有谦虚文化习惯，几乎每个民族都崇尚谦虚。但是中西文化中谦虚的内涵存在一定的差异，谦虚观念因文化的不同也呈现出很大的差异。在中国，谦虚是个人应该具备的积极品德之一，也是中华民族的传统美德，更是人们日常人际交往的一种载体，一种交际依赖的媒介。中国人对这一载体或媒介大多运用得恰到好处。然而，在全球化不断加深的今天，中西交流愈加频繁，在中西跨文化交际过程中，如果中国人依旧将"中国式的谦虚"运用到跨文化的交流过程中，就可能会出现交流不畅，甚至导致尴尬的情景。下面就中西文化中谦虚的异同进行详细分析。

第一节　中西文化中谦虚的相同之处

　　在中国，谦虚一直以来都被视为一种传统美德，今天的中国人仍然视谦虚为一种美德，同时谦虚也是中国人日常交际中必须遵守的一条重要交往准则。在中国文化中，谦虚被视为一种优秀品德的观点在前文中已有大量论证。但是，有一种论调认为西方文化中没有谦虚的习惯，其实则不然。

一、中西文化都将谦虚视为一种美德

　　谦虚在西方文化中受重视程度虽然不像在中国文化中那么突出，但是，在西方文化的发展过程中，谦虚也一直被视为一种优秀的品德。如作为西方基督教圣典的《圣经》对谦虚美德就倍加推崇,认为人当谦虚对"主",放下人的傲慢以遵循上帝的教诲。在《圣经》中有大量赞美谦虚的言论。如:God opposes the proud,but gives grace to the humble(上帝反对骄傲的人,但会恩惠谦虚的人);Pride goes before destruction,and a haughty spirit before a fall(高傲自大让人走向毁灭);And whoso ever shall exalt himself shall be abased;and he that shall humble himself shall be exalted(自我表扬的人耻辱,自我谦虚的人光荣);等等。另外,谚语也是一个民族思想的重要载体,在西方语言中也有很多关于谦虚的谚语或警句。如:Humility is the only ture wisdom by which we prepare our minds for all the possible changes of life(我们要做好各种思想准备来应对生活中的变化,其中谦虚是唯一明智的思想);It was pride that change danged angles into devils;it is humility that makes men as angels(骄傲可把天使变成魔鬼,谦虚可把人类变成天使);等等。另外,古希腊哲学家苏格拉底曾说:"谦虚是藏于土中甜美的根,所有崇高的美德在此发芽滋长。"西班牙加尔多斯曾说:"有一种美德最宝贵——这就是谦逊。它是一切道之母。一个人一旦有了这种美德之幼芽和蓓蕾,将会其乐无穷。"今天西方心理学界也把谦虚视为优秀的人格特质和品德。如积极心理学代表人物塞利格曼和皮特森(Peterson)[①]在2004年建构起了优势的价值实践体。这一体系从24种性格优势中归类出了包括智慧、正义、勇气、仁慈、节制与超越六种美德。其中"谦虚"这一人格品质属于六种美德中的"节制"美德。

不难看出,在西方文化传统中,谦虚一直被视作一种美德而得以传承。朱展炎、曾勇将《圣经》中的谦卑言论进一步总结为"人对神的谦卑、人对人的谦卑、圣子对圣父的谦卑"[②]。这与《周易》等中国古代圣典中的人对天道、地道、人道、鬼神道谦虚的描述基本上是一致的。

二、中西文化中谦虚都强调对最高存在的敬畏和效法

从谦虚之心产生的原因来看,中西文化中的谦虚观在理论起点上都强调对最高存在的敬畏和效法。如《周易》中有对"道"的敬畏和效法;儒家对天的敬畏,如《论语·季氏》曰:"君子有三畏:畏天命,畏大人,畏圣人之言。"[③]这里的"畏"是敬

---

① Park N, Peterson C, Seligman M E P.Strengths of character and well-being[J].Journal of Social & Clinical Psychology,2004,23(5):603-619.

② 朱展炎,曾勇.《周易》谦卦与《圣经》的谦德观[J].湖北大学学报(哲学社会科学版),2015(4):26-30.

③ 杨伯峻.论语译注[M].2版.北京:中华书局,1980:177.

畏、谦虚恭敬之意；"天命"就是人应该具备的德性，儒家强调了对"天"的敬畏之心；"大人""圣人"就是道德品质高尚的人，儒家主张对圣人的崇拜，强调对圣人的敬畏之心。而《圣经》中有对上帝或耶稣的敬畏和效法。从谦虚行为的主体来看，中西文化中谦虚均指向一个"道德"的主体，西方文化中谦虚大多指向"耶稣"，即上帝，也指向基督教徒。中国文化中谦虚大多指向"道"，即"天道""地道""人道"等。从谦虚行为的功能上看，中西文化谦虚均承认功利主义道德观的合理性和重要性。西方文化认为谦虚是基督教徒获得上帝的恩宠和避免各种伤害的重要美德。中国文化认为具有谦虚美德的"君子"行为处世会带来诸多益处。另外，中西文化中的谦虚均比较看重对自我膨胀的克制，都认为人的自我如果不受约束和指引，走向极端化，就必然引起祸害。

三、中西文化都将谦虚视为人际交往的准则

在中西方人际交往的过程中，虽然西方文化不像中国文化那样推崇谦虚，但是中西文化均视谦虚为人际交往的基本准则。

在中国文化中，谦虚一直被视为人际关系和谐的基础。东晋著名思想家葛洪就说过："劳谦虚己，则附之者众，骄慢倨傲，则去之者多。"[①]意思是说谦虚待人，愿意和他亲近交往的人自然就多；如果骄傲自大、盛气凌人，原来和他亲近的人也就会离他而去。由此看来，中国古代儒家的思想向来以谦虚作为人际和谐的策略之一。《尚书·仲虺之诰》载："志自满，九族乃离。"[②]意为一个人不谦虚而自满，就会导致亲戚的背离。但此处并非仅指不谦虚的后果会导致与亲戚关系的紧张。因为如果连亲戚都会因你的自满而疏远你，其他人就更不用说了。这是从谦虚的反面来论述谦虚是人际交往的准则。《管子·小称》载："修恭逊、敬爱、辞让、除怒、无争，以相逆也，则不失于人矣。尝试多怒争利，相为不逊，则不得其身。大哉！恭逊敬爱之道。"[③]说明一个人行"谦"方可"不失于人"，而"相为不逊"，则自身难保。因骄傲而导致的人际关系紧张，最终受害的是不逊者自己。顾曰国根据中国文化的特点、社会习惯、行为准则和社交方式等，提出了五条具有中国特色的人际交往中的礼貌准则，即贬己尊人准则、称呼准则、文雅准则、求同准则和德、言、行准则。他认为这些准则相互渗透、相互制约，共同对人们的言语行为起作用，并强调贬己尊人准则

---

① 葛洪.抱朴子[M].上海：上海古籍出版社.1990：248.

② 王世舜，王翠叶.中华经典名著全本全注全译丛书：尚书[M].北京：中华书局，2012：379.

③ 李山.管子[M].北京：中华书局，2009：180.

是中国人人际交往中礼貌的核心部分。[①]中国式礼貌的最大特点正如《礼记·曲礼上》所言："夫礼者,自卑而尊人。"[②]这一准则到了现代,"卑"的成分逐渐被"自贬"和"自谦"的成分取代。显然,中国文化历来视谦虚为人际和谐之基础。

而在西方文化里也不乏将谦虚视为其人际交往准则的言论。格瑞斯(H. P. Grice)在1967年提出,为了保证人际交往的顺利进行,交往双方要共同遵守一些基本原则,即"合作原则"。虽然格瑞斯提出了合作原则并指出人们如果不遵守合作原则而产生会话歧义,但他不能够解释在日常生活交往中人们违反合作原则大量使用委婉客气的间接语言的原因。雷切(Leech)认为,人们在言语交际中之所以违反合作原则是出于礼貌,为丰富和完善格瑞斯的合作原则,他从语言学和人际修辞的角度提出了礼貌原则的六条准则,即得体准则(tact maxim)、慷慨准则(generosity maxim)、表扬准则(approbation maxim)、谦虚准则(modesty maxim)、一致准则(agreement maxim)及同情准则(sympathy maxim)。他认为根据这些准则合理使用语言就可以达到最佳的交际效果。同时雷切还指出:"东方文化比西方国家更重视谦虚准则;西方文化更重视策略准则和反语准则;地中海国家更重视慷慨准则,而不太重视谦虚准则。"[③]这也说明了西方文化也将谦虚视为人际交往的一个重要准则,只不过不像中国文化那样重视而已。

综上所述,中国文化与西方文化对于谦虚这一美德都是非常推崇的,谦虚是对最高存在的敬畏与效法,是中西文化中人们进行交际的基本准则,同时谦虚也反映了个体谦虚行为对于其人格完善的重要性。

第二节　中西文化中谦虚的区别

从上述中西文化中谦虚的相同之处可知,从伦理道德角度看中西谦虚观,二者都认可个体的自我控制对于谦虚行为的重要性。基督教从神学的角度看待人的自身,而中国儒家思想则更倾向于从哲学层面解释天人关系,各自都存在不足和局限性。而在两种文化中,对谦虚的表述以及谦虚的外在行为表现存在很大的差别。

---

① 顾曰国.礼貌、语用与文化[J].外语教学与研究,1992(4):10-17,80.

② 朱彬,饶钦农.礼记训纂[M].北京:中华书局,1996:7.

③ Leech G N,Geoffrey N. Principles of pragmatics[M]. New York:Longman.1983:22-23.

一、在谦虚观念上中西文化的区别

　　首先,我们先从中西文化中颇具有代表性的两部经典《周易》和《圣经》来看两种文化中谦虚观的差异。《周易》将谦虚视为道德之柄,而《圣经》将谦虚视为基督教进入天堂的凭借。在重视谦虚的原因上,虽然两种谦虚观的理论起点都是对最高存在的敬畏和效法,但是《周易》敬畏和效法的是"道",即天道、地道、人道等;而《圣经》敬畏和效法的是"上帝",是全知、全能、全善的。虽然《周易》和《圣经》中的谦虚观都预设谦虚的道德基础,但是《周易》中的"道"更加强调是一种无为的造化之德,这种无为的造化之德就是"生",所以《系辞下传》曰:"天地之大德曰生。"①强调的是阴阳二气相结合造化万物,造物主的主宰观念比较淡薄,它更加凸显自然大"道"造化万物的神妙之方。这与《圣经》中基督教的上帝造物说有明显的区别。在《周易》中,具有谦虚行为的人更多地指向了"君子"这一道德主体,所以谦卦的卦爻辞多以"君子"的形象来说明遵守谦虚之德所带来的现实影响和对于君子人格形成的重要性。君子之所以成为谦虚的主体,而小人不能,就在于如程颐所说"在小人则有欲必竞,有德必伐,虽使勉慕于谦,亦不能安行而固守,不能有终也"②。"君子"注重刚柔并济,这也凸显了人的主观能动性。所以,乾卦、坤卦之《象》曰:"天行健、君子以自强不息","地势坤、君子以厚德载物。"③君子能刚柔并济,效法天地刚柔之德来充实和改变自己。而《圣经》中谦虚的主体更多的是指向耶稣基督。④这种谦虚既指向上帝,也指向基督教徒,既体现在他道成肉身后的一系列"卑微"事件上,也体现在其道成肉身前和升天之后的"尊贵"上。所以说,耶稣基督的谦虚是自始至终的,不管其是所处尘世还是身在天国。从人与人之间的谦虚之德来看,在《易经》谦卦中,其卦象讲的是"山本高而在地下",此"高"可以引申为现实生活中的才高、德高、功高、名高、位高等,强调的是在"高"之形式下人能保持谦虚之德,做到不自许、不自矜、不自居、不自誉、不自傲,这其实暗含了谦虚者自身与他人之间并非一种平等的关系。而《圣经》中主要是从人是造物主创造出来的这一身份来看待自身与他人的关系。由于人都是被创造的,且天生有罪,因此都是有限性的存在者,并没有足以对他人傲慢的资格,所以在《路加福音》中,耶稣告诫世人说:"你们不要论断人,

---

　　① 周振甫.周易译注[M].北京:中华书局,1991:276.

　　② 程颢,程颐.二程集[M].北京:中华书局,1981:773.

　　③ 周振甫.周易译注[M].北京:中华书局,1991:4,16,79.

　　④ 邱业祥."虑以下人"与基督的谦卑:从理雅各对"虑以下人"的译解谈起[J].世界宗教研究,2013(4):105-111.

就不被论断；你们不要定人的罪，就不被定罪；你们要饶恕人，就必蒙饶恕。"①

其次，从其他思想或言论中来看两种文化中谦虚观的差异。"谦谦君子，卑以自牧也"②是儒家修身功夫之一，谦虚是一种积极的修为与自觉的塑建，汉代刘向在《说苑·敬慎》中概括出六种路径："德行广大而守以恭者，荣；土地博裕而守以俭者，安；禄位尊荣而守以卑者，贵；人众兵强而守以畏者，胜；聪明睿智而守以愚者，益；博文多记而守以浅者，广。此六守者，皆谦德者。"②儒家代表人物孔子曰："三人行必有我师焉。"③《老子·第九章》曰："持而有盈，不如其已。揣而锐之，不可长保。金玉满堂，莫之能守。富贵而骄，自遗其咎。功遂身退，天之道也。"④认为人们不要盈满、不要骄傲。恃才傲物富贵而骄，是不能长久的，到头来只能自取祸患。适可而止，收敛一己之私欲才能合于自然之道，才是常保之道。《礼记·中庸》曰："君子之道，辟如行远必自迩，辟如登高必自卑。"⑤明代王阳明曾要求自己的弟子"与朋友论学，须委曲谦下，宽以居下"⑥。意思是说与朋友一起讨论学问，话不必说满，而应该委婉、谦逊、宽厚、包容，实在没有必要争论得互不相让。自古以来，中国人在进行人际交往过程中极其重视"谦虚"，可以说"谦虚"向来被视为中国人的人际关系和谐之道。在中国人看来谦虚也是做人的一条基本要求，一个人如果缺乏内在的谦虚品质，就无法具有外在的真诚恭谨。所谓"谦虚"，是较低地看待自己，而较高地看待他人，是贬己尊人、以人为师的心理和行为。而在西方文化中，谦虚是减少对自己的表扬，而不是根本不要自我表扬，因为西方式的谦虚是把自己和他人放在平等的位置上的。西方学者雷切提出礼貌原则的六条准则，认为根据这些准则合理使用语言就可以达到最佳交际效果。这六条准则是根据西方文化特点而提出的，主要是说西方人如何运用礼貌原则而使言语行为恰到好处。同时雷切还认为东方有些文化社团（如中国和日本）比西方国家更重视谦虚准则；以英语为主的文化社团更重视策略准则和反语准则，而不太重视谦虚准则。由此可以看出，中国人的"谦虚"与雷切提出的"谦虚准则"有所不同，中国人的"谦虚"主要体现在"贬己尊人"。"贬己尊人"是中国特定环境下"礼"在交际中的具体体现，意味着贬低自己，抬高别人。西方社会人们惯常遵循的"不要贬低自己，尽量缩小对自己的表扬"的"谦虚准则"在中国社会不仅不适合，反而常常会导致让人尴尬的局面。

① 中国基督教三自爱国运动委员会,中国基督教协会.圣经:和合本[M].北京:中国基督教三自爱国运动委员会,中国基督教协会,2002:74.

② 刘向,向宗鲁.说苑校证[M].北京:中华书局,1991:240.

③ 杨伯峻.论语译注[M].2版.北京:中华书局,1980:72.

④ 陈鼓应.老子注译及评介:修订增补本[M].北京:中华书局.2009:89.

⑤ 朱彬,饶钦农.礼记训纂[M].北京:中华书局,1996:774.

⑥ 王守仁.阳明先生集要:上册[M].北京:中华书局,2008:105.

二、在礼貌用语上中西文化的区别

谦虚称呼语在中国文化特别是传统文化中表现得非常突出。中国人在写"我"时多愿意小写,如老朽、在下、小可。而西方人在写"我"时多喜欢大写,像英语中的"I"(主格)就只有大写,没有小写(小写的"我"是宾格,即me),这样在英语中,不论"I"在句中处于什么位置,都只写作"I"。从"我"的大小写之间的差异能折射出中西文化的一个本质差异:中国传统文化为了彰显社会我的地位与价值,不惜忽略乃至压抑个体我的地位与价值;西方文化则相反,为了凸显个体我的地位与价值,很少花气力去讲社会我的地位与价值。换言之,中国人一向有压抑个体我甚至无我的心态,西方人一向有重视自我高扬个性的心理。假如说在文艺鉴赏里,中国人提倡忘我是一个高明的见解的话,那么,在人际交往里中国人推崇无我就是一个严重的缺憾。①

中国文化中,个体在称呼别人或别人一方的事物时常用敬辞,如令尊、令堂、令郎、令爱、令兄、令弟、令侄、贵姓、贵恙、贵子、贵国、贵校、高寿、大人、足下、府上等。从这些称呼可以看出,中国人在称呼别人时常常推崇赞许和褒奖的称谓,如贵子和令尊之类皆有此义。这也与中国传统文化一向将谦虚礼让视作美德的特征一致。因此,中国人在称呼别人时常常加上赞许和尊重,中国古代问及别人或别人的家人、别人的物品时一般不会直接称呼,如问起父母一般不会说你父母如何,而是称呼令尊、令堂等。中国古代的百姓在他人尤其是官员面前往往会以某某兄、前辈、大人等称呼。而西方英语的称谓系统,单就称谓词语而言,比汉语简单得多。由于受近代自由平等民主价值观的影响,古英语中的一些尊称如Lord、Lady已很少使用,特别是在非正式场用的就更少。西方文化中的整个礼貌称谓系统趋向简明化,如英语中的Mr.和Mrs.等已成为一般性的称谓方式。西方称谓系统中的传统宗法观念比较淡漠,现代民主的成分比较突出。整个礼貌系统强调人与人的平等。"你"就是you,"我"就是I/me,"你的"就是your/yours,"我的"就是my/mine,不讲究上下尊卑。

从上述中国人对待自己和他人的称呼词中可以发现,中国人在称呼自己时的词语以贬义词居多,在称呼他人时则以褒义词居多,这说明中国人推崇和喜欢自谦而厌恶和憎恨自满。

另外,中西式谦虚在具体言辞上也表现出差异。在中国文化中,中国人常常以自我否定、自我贬低来表示谦虚。当中国人受到赞扬时,常常贬损自己;在受到别

---

① 汪凤炎,郑红.中国文化心理学:增订本[M].广州:暨南大学出版社,2013:72.

人恭维时,习惯用一些谦虚的言辞来应对。如当有人取得成功后,得到别人的夸奖时,一般中国人会说"过奖了""我还差得很远""这点成绩算不了什么""我的成功都是归功于上级领导的关心"等等。而这种回答常常会让西方人怀疑自己是不是判断上出现错误,或者可能不该去赞扬这个人。在西方文化中,人们从来不会把自己的成绩归功于别人。他们会说"这是我应得的"。西方文化认为,贬低自己是个体缺乏自信的表现。中国文化向来以谦谦君子作为楷模,提倡谦虚礼让,极不喜欢自我吹嘘和炫耀个人荣誉。即使个人获得了成功和荣誉也要通过别人的转述并且自己还要尽量地自我否定,如果自己主动说出自己的成功与荣誉就会显得自己骄傲自满,成功和荣誉也就会变得黯然失色。所以中国人一直信奉"满招损,谦受益"的古训。因此,中国人一直非常严格地遵守谦虚准则。但西方人一般认为中国人的谦虚是虚假的,这种谦虚的回答方式违背了西方文化中谦虚准则中的实事求是,也很难使人际交往继续进行下去。虽然西方文化也讲谦虚,但与中国文化中的谦虚是有所不同的。西方文化中的谦虚准则包含两层含义:一是尽量减少自我夸奖,二是不要自我贬低。西方文化更加侧重于后者。所以获得荣誉后得到夸奖时常常会回答"谢谢",以遵循人际交往中的一致准则。西方文化认为只要赞扬的内容属实,就尽量接受赞赏,以承认对方的判断力或鉴赏力,表现双方的一致,从而达到避免不和、加强人际团结关系的实质目的。①

三、在人际交往过程中中西文化的区别

中国文化中的谦虚是日常人际交往的一种载体,一种交际依赖的媒介,是一种交际方法、手段与交际习惯。中国人在人际交往过程中,听到他人的称赞和表扬时,总是表现得不好意思,并且拒绝或否定对方的观点,以表示谦虚。

例如,一个学生学习好或是其他方面强受到他人赞许时,往往不会肯定自己的才能,相反,会说"哪里,哪里,你比我好多啦!"等诸如此类的话否定自己。西方人则会对对方非常高兴地说"谢谢",他认为这是对他能力的肯定。

再如,中国人常常在接到上级的任务时也表现出谦虚行为,常常会说"本人能力有限,我会尽力而为,希望多多指教",而西方文化看来这是个体缺乏自信的表现。西方人在面对他人的赞美时,总是欣然接受,赞同他人的观点,并且表示感谢。当西方人遇到同样的赞赏时常常会说"感谢领导信任,保证出色完成任务"。另外中国人请他人吃饭,主人会尽心尽力准备一桌非常丰盛的菜肴,但是主人还总是会说"没什么菜,您别见怪",饭后送客时会说"招待不周,多多见谅"等,这可看出中国

① 石宁.英汉称赞语之比较[J].中国人民大学学报,1997(4):89-94.

人以自我贬损以示礼貌。这种情况也常常引起西方人的费解："明明一桌的丰盛佳肴,怎么还说没什么菜呢?"而西方文化中,主人一般会说"希望您吃好喝好"之类的话,他们也从来不会以贬低自己来表达对客人的尊重。

又如,在从别人那里接受自己应该得到的东西时,接收者往往先推辞一番,而后再很不好意思地去接受。这样的现象在中国的人际交往过程中是经常出现的,是中式谦虚在交际过程中的表现。而在西方文化中,交际过程中更加注重直截了当和自我展示。西方人常常会有话直说,积极展现自我。而中国文化在交际过程中注重谦虚、含蓄与低调。

中西方文化中两种交际方式的差异往往会带来诸多交际不畅。随着中西交流日益频繁,中国人在与西方人打交道时还一直保持中式谦虚的交际方式,常常会给自己带来不少尴尬和不便。雷切提出礼貌原则包括六条人际关系准则:得体准则要求尽量减少对别人的损失,尽量增加对别人的利益;慷慨准则要求尽量减少对自己的益处,尽量增大自己付出的代价;表扬准则要求尽量减少对别人的贬低,尽量表扬别人;谦虚准则要求尽量减少对自己的赞扬,尽量加大对自己的贬损;一致准则要求尽量减少自己与别人的分歧,尽量夸大自己与别人的共识;同情准则要求尽量减少自己对他人的厌恶,尽量夸大自己对他人的同情。

综上所述,中西方因文化的不同而产生了各具特点的人际交往模式,中国文化比较注重贬己尊人的谦虚准则,西方文化比较强调自由平等的一致谦虚准则。因为中西文化中对谦虚行为的认识差异,往往会在对外交往中引起误会,娄义华的《中国人的谦逊被外国人认为无能》一文,可以给人们思考和启示。

中国人的谦逊被外国人认为无能
作者:娄义华

中国是礼仪之邦,有着几千年的历史,是世界公认的四大文明古国之一。"有朋自远方来,不亦乐乎。"随着社会的不断发展和国际交往的日益频繁,中国人的交往范围逐渐扩大,"远方"的概念早已突破了国界的限制。在你来我往中,人们开始习惯与说着不同语言、拥有不同习俗的外国人打交道。但由于文化背景的差异,人们对礼仪有着不同的理解。中国人讲究中庸之道,在任何场所都比较谦虚谨慎。那么,谦虚究竟好不好?

回答是中国人的谦虚要把握时机,如果随时都是如此,那么谦虚往往被外国人误解为一种无能的表现。我举几个我在国外看到和听说的故事,以飨读者,希望出国和与外国人交流的朋友们引起注意。

我们一行几人到德国去,有男有女。到了拜访的对象驻地,德国有3人接待我们8人,领头的人很注意礼仪,互相介绍以后,那位领导就开始一通赞美以拉近主宾之间的距离,他就拿我们当中一位长相不错的女孩子开头。在德国,赞美也是要从女士优先,不像中国首先"捉住"宾客的领导不放。那位先生用浑厚的德语夸赞这位姑娘说:"你很漂亮,漂亮到至极,这是我平生第一次见到人间还有如此美丽的女性。中国文明不但源远流长,而且还是一个不断涌现美女的地方。"话毕,这位姑娘的脸一下显得绯红,非常谦虚地回应道:"哪里!哪里!"这位德国人以为她说的是美丽的具体地方在哪里,于是,他接着补充说:"你全身都很漂亮,尤其是眼睛很迷人,让人见了以后就魂飞魄散。"这位姑娘听后更加飘飘然,又客气地回应说:"哪里!哪里!"没想到,这位德国人耸了耸肩,回应道:"你的鼻子很漂亮。"这位姑娘还在谦虚地回答哪里哪里,这位德国人准备把她全身的器官都说一遍的时候,我们打断了他的回答,并向他普及了"哪里!哪里!"的具体含义,他听后恍然大悟,又耸了耸肩,双手摊开做无赖状,并附上一句:"中国文化真是博大精深,难以理解。"我们相视一笑才勉强消除尴尬。

一位毕业于清华大学的博士生到某著名外企去应聘驻中国区的高管,该企业的要求是英语八级,另外还要精通荷兰语。这位先生准备得非常充分,自己的条件也能满足岗位的要求,非常符合,他信心十足地与外企老板见面。老外首先用英语与他交流,问他的英语水平如何?他非常谦虚地回答说:"还行。"老外接着问他的荷兰语水平如何?他又谦虚地回答:"过得去。"真没有想到的是,就是这个非常优秀的人才却被拒之门外,理由是这个博士生的外语水平达不到他们的要求。就是因为他的谦虚,没有自信地说自己的水平具体是什么样子而失去一次好的机会。

"还行""过得去"这些词汇在我国是一些谦逊的词汇,而在外国人看来是自己信心不足,能力欠缺的表现。类似的事件太多,很多人出国去,往往按照中国的礼仪来要求别人是不对的,还有就是自作聪明地以为外国人都深谙中国之道,不仅交往不愉快,可能带来很多不好的印象。

孔子曰:"君子和而不同。"如何与外国人交往,是一门学问,要充分研究对方的文化背景和习俗。我们在交往时不要拘谨,更不要把他们当外星人看待。我们要尊重他们,尊重他们的文化、宗教等等。解决了这些问题,就能使您的涉外交往畅通无阻。

国际交往中的礼仪活动要复杂得多、敏感得多。一个精心安排的欢迎仪式,能使来宾一踏入被访国就能产生良好的第一印象;一个圆满的欢送仪式,也能给来宾留下一个难忘的回忆。反之,如果处理不好,不仅会影响到东道主与外宾的关系,甚至会影响到国家、民族之间的关系。因此,掌握好国际礼仪,适应中国改革开放的要求,是国人的一项紧迫任务。

(来源:http://life.banbijiang.com/zhichang/goutong/2014/1217/175958.html)

第六章 | 中国人谦虚心的实证探索

第一节 中国人谦虚心的内隐结构

一、谦虚心的心理结构文献回顾

在人的性格结构中,有一组以"心"为基础并以之命名的组成因素,即自尊心、自信心、好胜心、责任心和谦虚心;其中谦虚心(modesty)是具有浓厚中国文化色彩且至今仍在广泛使用的概念。谦虚心又可叫作虚心、谦逊心、谦让心,是一个人举止风貌、人格形态、行为准则所达到的精神境界。谦虚心不仅是中华民族的传统美德,也是一个人优秀品质的表现。[①]谦虚心是一种重要的人格特征,在国内外的人格理论中,大多将谦虚或谦逊的同义词作为人格因素的组成部分,是一种亲社会行为,是积极心理学研究的主题之一,是中国人一种重要的行事风格。[②]谦虚心具体包含认识、体验和行为准备三种心理因素。积极心理学提炼出人类本性的六大美德,即智慧、勇气、仁慈、正义、节制与超越,分别对应个体性格中的24种优势,而谦虚心就是节制美德下的一种性格优势。[③]因此对谦虚心研究不仅是弘扬优秀谦虚文化的需要,也是为积极心理学的研究提供理论基础和实证依据。

目前,国内外关于谦虚心的研究主要集中于内涵、类型、测量与功能等方面。

---

① 燕国材.论谦虚心与学习[J].上海教育科研,2010(10):52-54.

② 胡金生,黄希庭.自谦:中国人一种重要的行事风格初探[J].心理学报,2009,41(9):842-852.

③ Park N, Peterson C, Seligman M E P.Strengths of character and well-being[J].Journal of Social & Clinical Psychology,2004,23(5):603-619.

关于谦虚心的内涵界定,目前国内外还未统一。国内研究者普遍认为谦虚心又可称为虚心、谦逊心、谦让心;由四个方面组成:谦虚认识、谦虚体验、谦虚行为、谦虚意志。[①]有学者从中国传统解读了谦虚文化的内涵:守弱处柔、卑己尊人、允恭克让、恭敬有实。[②]国外主要观点有:认为谦虚心的人低估其自我价值,是对自身价值的一种无知;谦虚心的人能准确地感知自身的成就和价值,但却不高估它们;谦虚心与尊重个体自身所取得的成就是可以获得平衡的;谦虚心是个体已经取得并意识到实在的成就,但不在乎人们是否因为这些成就而对其进行高度评价。[③]

关于谦虚心的类型,国内有学者根据内容上的不同,把谦虚心分为"实性"和"虚性"两类;根据动机的不同,把谦虚心分为亲和性谦虚心和防御性谦虚心。[④]国外学者将谦虚划分为内部导向谦虚和外部导向谦虚。[⑤]关于谦虚心的测量,国内有学者编制了大学生自谦认同度问卷[⑥]和自谦动机问卷[⑦]。国外最具代表性的谦虚测量工具为谦虚反应量表,该量表分为三个分维度:谦虚倾向、谦虚的社会期望性和对谦虚的厌恶。[⑧]关于谦虚心的功能,目前国内外做了几个方面的研究。一是谦虚心与学习。国内学者认为谦虚心在个体学习中也起着重要的作用,是积极学习的动力,是成功学习的保证;有助于发挥智慧的力量,有助于掌握渊博的知识。[⑨]二是谦虚心与人际交往。大学生对搭档自谦归因的评价要好于对自利归因的评价,喜欢与自谦归因的搭档交往[⑩];谦虚心对于心理健康的积极意义可能是一种符合文化期待的自我实现方式。三是谦虚心与主观幸福感。有学者认为,谦虚是中庸思想

① 谢威士,汪凤炎.大学生谦虚问卷的初步编制[J].心理研究,2014,7(5):82-87.

② 胡金生,黄希庭.华人社会中的自谦初探[J].心理科学,2006(6):392-1395.

③ Allhoff F.What is modesty?[J].International Journal of Applied Philosophy,2010(23):165-187.

④ 胡金生,黄希庭.自谦:中国人一种重要的行事风格初探[J].心理学报,2009,41(9):842-852.

⑤ Garcia J L A.Being unimpressed with ourselves:reconceiving humility[J].Philosophia,2006,34(4):417-435.

⑥ 胡金生,黄希庭.自谦:中国人一种重要的行事风格初探[J].心理学报,2009,41(9):842-852.

⑦ 胡金生.传统和现代视野中的自谦[J].心理学探新,2007,27(3):19-21,43.

⑧ Cai H J,Sedikides C,Gaertner L,et al.Tactical self-enhancement in China:is modesty at the service of self-enhancement in East Asian culture?[M].Social Psychology and Personality Science,2011,2(1):59-64.

⑨ 燕国材.论谦虚心与学习[J].上海教育科研,2010(10):52-54.

⑩ 刘肖岑,桑标,张文新.自利和自谦归因影响大学生人际交往的实验研究[J].心理科学,2007(5):1068-1072.

的具体体现,这种中庸思维能够正向预测生活品质,增进个体生活满意度[①];黑田东彦(Kuroda)等的研究也表明,谦虚提高了人的主观幸福感、自尊、充实感,降低了抑郁倾向[②];但是也有学者研究发现谦虚心与主观幸福感各维度均未出现显著的正相关。[③④]四是谦虚心与自尊。有学者认为自尊的文化差异可以被谦虚的文化差异解释。[⑤]

综上所述,国内外研究还存在以下几点不足:其一,对于谦虚心的结构划分,仅从谦虚心的外显性进行探讨,缺乏对其内在心理机制层面的关注;其二,研究方法方面,一般是基于理论探讨,停留在哲学思辨的层面,缺乏实证、实验研究和相应的应用探索;其三,研究工具方面,调查问卷设计较为简单,项目代表性及相关指标尚需进一步验证。

本节拟采用内隐理论的研究方法来揭示中国大学生头脑中存在的谦虚心概念。内隐理论能够反映个体的内部心理活动和某些文化特征,并且能够影响并指导着人们的行为。基于上述理论方法,拟通过对字词联想结果的内容分析来研究在中国文化背景下大学生对谦虚心概念的理解,构建当代中国大学生谦虚心的内隐观。

二、本节的研究程序和方法

本节研究采用社会效度方法,以在校大学生为被试分两个阶段进行研究。

(一) 第一阶段:预调查

采取整班抽取方法调查合肥师范学院大学生共240人,其中男生100人,女生140人,年龄(21.13±2.25)岁。

采用开放式问卷,由被试进行不限时间的作答,要求学生根据自己的理解列出至少15条由"谦虚心"这个词联想到的词语或成语,再对所收集的所有词语进行内容分析与频数统计。首先采用"同义者合并"的方法减少项目,即少量者并入多量

---

① 吴佳辉.中庸让我生活得更好:中庸思维对生活满意度的影响[J].华人心理学报,2006(1):163-176.

② Kuroda Y, Aritoshi K, Sakurai S.Enhancement of close friendship and the mental health of Japanese college students: moderating role of the interdependent-independent construal of the self [J].Japanese Journal of Educational Psychology,2004,52(1):24.

③ 胡金生.传统和现代视野中的自谦[J].心理学探新,2007,27(3):19-21,43.

④ 胡金生,黄希庭.自谦:中国人一种重要的行事风格初探[J].心理学报,2009(9):842-852.

⑤ 蔡华俭.泛文化的自尊:基于中国大学生的研究证据[J].心理学报,2006(6):902-909.

者(如上进、进取心、谦虚使人进步等均合并为"上进"),但近义者不予合并(如谦虚、谦和、谦让、谦卑等不予合并)。通过以上方法对被试所列出的词语进行分析、归类、整理,然后进行频数统计,最终找出47个高频词。最后以此为基本内容,编制完成大学生谦虚心的内隐观调查问卷,采用5点计分。

(二)第二阶段:正式调查

从合肥师范学院共抽取496名在校大学生,回收有效问卷466份,其中男生146人,女生320人,年龄(21.53±1.58)岁。研究工具采用预调查编制的谦虚心的内隐观问卷,要求大学生根据自己的理解,对所列出的47项特征词的接近程度进行评分,1分到5分代表从非常不接近到非常接近。最后将有效回收的问卷运用SPSS 19.0软件进行数据录入和统计分析。

三、谦虚心结构的实证建构

(一)谦虚心内隐特征的描述性统计

将正式调查中所统计的各项谦虚心特征按接近程度排列可知(见表6.1),具有谦虚心倾向的人所具有的47个特征中,接近度排在前10位的依次是:虚心、谦和、谦让、中国人、彬彬有礼、美德、友好、低调、请教、君子。在这10项特征中按照标准差的由小到大进行分析,大学生看法比较一致的依次是:谦让、谦和、请教、美德、低调、君子、友好、彬彬有礼、虚心、中国人。

表6.1 大学生谦虚心特征的描述性统计(*n*=466)

排序	特征	均值(M)	标准差(SD)	排序	特征	均值(M)	标准差(SD)
1	虚心	3.575	1.094	25	人格	2.991	1.202
2	谦和	3.567	0.769	26	认真	2.914	0.92
3	谦让	3.558	0.702	27	沉稳	2.906	0.918
4	中国人	3.558	1.474	28	乐观	2.906	1.124
5	彬彬有礼	3.446	0.951	29	奋斗	2.897	0.831
6	美德	3.442	0.822	30	大方	2.824	1.072
7	友好	3.399	0.866	31	老实	2.815	0.975
8	低调	3.382	0.854	32	自信	2.811	0.883
9	请教	3.335	0.806	33	上进	2.79	0.827
10	君子	3.33	0.856	34	学习	2.777	1.006

排序	特征	均值(M)	标准差(SD)	排序	特征	均值(M)	标准差(SD)
11	修养	3.322	0.759	35	淡定	2.747	0.841
12	不耻下问	3.293	1.181	36	喜爱	2.691	1.08
13	包涵	3.249	0.891	37	冷静	2.674	0.958
14	恭敬	3.245	0.82	38	成功	2.545	0.926
15	虚怀若谷	3.241	1.106	39	勇敢	2.506	0.894
16	品质	3.232	0.908	40	知识渊博	2.5	0.957
17	善良	3.186	1.173	41	内向	2.202	0.77
18	温和	3.176	0.969	42	自卑	1.953	0.792
19	真诚	3.167	0.878	43	虚荣	1.672	0.712
20	为人处世	3.129	1.013	44	自负	1.588	0.723
21	谨慎	3.069	0.785	45	落后	1.567	0.563
22	诚实	3.052	1.07	46	骄傲	1.464	0.498
23	态度	3.017	1.055	47	虚假	1.459	0.566
24	高尚	3.017	0.978				

（二）谦虚心内隐结构的因素分析

为了进一步深层次地探索具有谦虚心个体的内在心理结构,研究者用主成分分析法对评价结果进行分析。结果显示Bartlett球形检验值为4961.565,显著性水平为0.000,表明变量间有共享因素的可能性较大,对数据进行因素分析是适当的。随后进行因素提取,结果表明,特征值大于1的因素为6个,可解释全部变异的49.84%(见表6.2)。根据因素点状图的陡坡和缓坡发生在第6个因素的位置上,表明抽取6个因素比较合适。

表6.2　谦虚心特征变量的因素负荷

项目	F1	项目	F2	项目	F3	项目	F4	项目	F5	项目	F6
真诚	0.751	虚心	0.695	品质	0.736	虚荣	0.786	奋斗	0.609	谨慎	0.681
大方	0.716	虚怀若谷	0.619	友好	0.616	自负	0.718	自信	0.561	温和	0.662
勇敢	0.705	不耻下问	0.617	人格	0.606	虚假	0.672	知识渊博	0.507	淡定	0.509
诚实	0.626	谦和	0.596	学习	0.575	骄傲	0.57	上进	0.49	君子	0.43
喜爱	0.622	恭敬	0.594	态度	0.554	落后	0.51	认真	0.471	低调	0.416
冷静	0.585	请教	0.582	美德	0.521	自卑	0.449				

项目	F1	项目	F2	项目	F3	项目	F4	项目	F5	项目	F6
乐观	0.583	谦让	0.51	彬彬有礼	0.416	内向	0.444				
老实	0.551	成功	0.51								
高尚	0.52	修养	0.509								
中国人	0.487	沉稳	0.472								
为人处世	0.474										
包涵	0.461										
善良	0.46										
贡献率	12.36%		9.87%		8.32%		6.7%		6.46%		6.14%

（三）谦虚心内隐结构的相关分析

从相关矩阵表（见表6.3）中可以看出，F1与F3和F5以及之间呈中等偏上的相关；F4与F5呈中等偏上相关；F1与F2、F3与F4、F4与F5和F6都呈中等偏低相关；F1与F6、F2与F5和F6、F3与F5呈中等相关。说明各因素间有一定的独立性，但又彼此具有较合理的联系，具备解释共享内容的功能。

表6.3　谦虚心因素结构的相关矩阵表（r）

因素	F1	F2	F3	F4	F5	F6
F1	1					
F2	0.263**	1				
F3	0.641**	0.398**	1			
F4	0.237**	−0.267**	0.066	1		
F5	0.621**	0.443**	0.54**	0.068	1	
F6	0.421**	0.428**	0.482**	0.014	0.361**	1

注：**表示在0.01水平（双侧）上显著相关。

四、谦虚心六维结构的内涵

（一）谦虚心内隐结构特征分析

从统计分析中可以发现，大学生所认同的谦虚心的特征排在前10位的依次是虚心、谦和、谦让、中国人、彬彬有礼、美德、友好、低调、请教、君子。这10个方面都是积极向上的谦虚心的特点,说明大学生对待谦虚心具有积极的态度,他们看到了传统谦虚心的积极方面。在中国传统文化里,谦虚一直被认为是传统美德。随着中国改革开放的不断深入,大学生虽然受到西方的意识形态、价值观、人生观以及为人处世方式的影响,但是对我国传统文化的继承和发扬担负使命感。富有谦虚心的个体一直受到当代大学生的认同和赞赏。

(二)谦虚心内隐结构成分分析

通过对调查结果的因素分析表明,大学生谦虚心的结构可分解为六个具有关联的成分,即大学生谦虚心的内隐观主要表现在为人处世风格、学习态度、人格品质、虚假谦虚、自我要求、君子行为等六个方面。

第一因素(F1)包含了13个项目,其中真诚、大方、诚实、老实、为人处世、包含等折射出具有谦虚心的个体在与人相处时的态度;勇敢、冷静、乐观、善良等折射出具有谦虚心的个体对自我的认知;高尚、中国人、喜爱等折射出大学生普遍认为谦虚心是中国人高尚的道德情操的表现。此因素可以命名为"为人处世风格"。在这一因素上,在自我评估的研究中,许多研究发现东亚人更倾向于对自己做较低的评价。日本人在诸多人格特质的自评中存在消极错觉和平均以下效应。[1]自谦是华人社会中重要的人际智慧,梁漱溟认为:"中国社会乃伦理社会,伦理社会所重者,一言以蔽之曰:尊重对方。"[2]从大学生谦虚心的内隐观中可以看出来,他们认为在谦虚心理或谦虚行为方面,中国人是典型代表,并且认为谦虚心是一种高尚的情操,具有谦虚心的人会受到人们的喜爱。

第二因素(F2)包含了10个项目,其中虚怀若谷、不耻下问、谦和、谦让等折射出具有谦虚心的人对待比自己地位低的人的学习态度;虚心、恭敬、请教折射出具有谦虚心的人对待比自己地位高的人的学习态度;修养、沉稳等折射出大学生认为具有谦虚心的人能做大事,做事不莽撞;成功则是具有谦虚心的人在学习或事业追求中更容易获得成功。此因素可命名为"学习态度"。燕国材认为:谦虚心是积极学习的动力,是成功学习的保证,有助于发挥智慧的力量,有助于掌握渊博的知识。大学生关于谦虚心的内隐观同样认为谦虚心对学习具有重要的作用,在学习过程中,无论是对待地位比自己低的人还是对待地位比自己高的人,拥有一颗谦虚心是一种修养,在学习或以后的事业上更容易获得成功。

---

① Toyama M, Sakurai S. Positive illusions in Japanese students [J]. The Japanese Journal of Psychology, 2010, 72(4):329-335.

② 梁漱溟. 中国文化要义 [M]. 上海:上海人民出版社, 2005:86.

第三因素(F3)包含了7个项目,其中品质、人格、美德、彬彬有礼反映出大学生认为具有谦虚心的人有好的内在人品;学习、态度反映出大学生认为谦虚心更容易在学习中表现出来;友好则反映出谦虚的人更容易获得他人的肯定。此因素可命名为"人格品质"。自谦是中国传统文化中理想人格的道德诉求,王夫之云:"谦,德之柄也。"《易经》中有"谦谦君子,卑以自牧也"[①]的语句。《尚书·虞书·大禹谟》载:"满招损,谦受益,时乃天道。"这些都说明自古以来,中国人都把"谦虚"视为一种美德,是一个人内在的良好品质。

第四因素(F4)包含了7个项目,其中虚荣、自负、虚假、骄傲、落后等反映出大学生认为生活中表现出谦虚行为的人,内心不一定真正具有谦虚心的品质,反而是另一种极端的想法;自卑、内向等则反映出大学生认为表现出谦虚行为的人内心其实是对自己的贬低,从心里认为自己真的是"没有能力"。此因素可命名为"虚假谦虚"。谦虚分为实性和虚性两种,实性谦虚反映了一个人的道德修养,是自己永远觉得有待进一步改进的学习态度。它有两个规范原则:真诚性、适度性。而虚性谦虚是一种自我表现策略,是为了达到某种目的而采取的策略性行为。它有两个特征:虚伪性、怯懦性。在大学生谦虚心的内隐观中也可以看出来,大学生认为有些人的谦虚行为反而让人觉得是虚伪、骄傲、虚假、落后、自卑的表现。

第五因素(F5)包含了5个因素,其中奋斗、上进、认真、知识渊博等反映出大学生认为具有谦虚心的人对自己在人生道路上的要求,自信则反映出谦虚的人对达到自己目标的自信。此因素可命名为"自我要求"。在大学生谦虚心的内隐观中,他们更多地认为具有谦虚心的人知识渊博,具有进取、奋斗的好品质。说明大学生不仅具有谦虚心的内隐观,而且对待"谦虚心"的态度多是正面的、积极的。国内有学者认为,在中国文化是典型的集体主义文化,非常强调谦虚,不能过分自夸,要注意维护他人的感受并保护群体的和谐。[②]比较客观的自我评价或者表现得比较谦虚,有助于个体的人际适应,过高地估计和夸耀自己的能力可能导致在群体中不受欢迎。谦虚,就是卑己尊人,事实上具有谦虚心的人有很高的自尊心,甚至比其他人更加努力进取。

第六因素(F6)包含了5个因素,温和、淡定、君子、低调、谨慎等反映出具有谦虚心的人在面对功名利禄时,所表现出的一种君子行为:谨言慎行,低调做人,不争不抢。此因素可命名为"君子行为"。国内有学者研究发现谦虚心自古以来便是君子行为的标准之一,认为君子富有知识,能清楚地认识到"山外有山,人外有人"的道理,自然也就能客观地认识到自己的不足和别人的优点,进而会以谦虚谨慎的态

---

① 周振甫.周易译注[M].北京:中华书局,2012:79.

② 陈丽,邹泓,刘艳.中学生自我提升的特点及其与人际适应的关系[J].心理与行为研究,2011,9(3):161-167.

度来待人处世。[1]

本节采用内隐的社会效度的研究方法探索大学生的谦虚心表征,较之直接从理论构想编制问卷的方法更为有效,更深层次地挖掘谦虚心的内涵及表征,其研究的结果也更具代表性。

五、研究结论

本节研究采用自由字词联想和因素分析的实证方法,对当代大学生心中的谦虚心的内隐结构进行了调查。结果发现,当代大学生心中是从以下几个方面对谦虚的概念进行表征与建构的:① 为人处世风格;② 学习态度;③ 人格品质;④ 虚假谦虚;⑤ 自我要求;⑥ 君子行为。本节研究的结果代表了当代大学生的一般看法,具有一定普遍意义。另外,当代大学生认为最接近谦虚心的是虚心、谦和、谦让、中国人、彬彬有礼、美德、友好、低调、请教、君子。主要表现在为人处世风格、学习态度、人格品质和君子行为四个方面。

本节研究也为深化中国人心理和行为的研究提供了创新的视角,该研究思路有助于中国人的心理和行为模式的深入分析。当然,以后的研究除却自由联想词语,我们还可以搜集信息量更大的资料作为分析单位,也应该关注对低频词语部分的分析。在被试的选取上也要更加注重代表性,可适当扩充被试范围。只有这样,才能更加全面而深入地了解中国人的谦虚心。

附录一 大学生谦虚心内隐观调查问卷

亲爱的同学:

您好!

我们正在做一项与大学生谦虚心内隐观有关的研究,现在需要征集大家对谦虚心的看法。您的回答无所谓对错。本次所搜集的信息仅用于科学研究,绝对为您保密。请根据您的真实想法放心作答。真诚渴望您的合作,谢谢!

谦虚是中华民族的传统美德,也是中国人社会交往过程中一个重要的心理现象和行为准则。如《易经》中的"谦谦君子,卑以自牧",《尚书》中的"满招损,谦受益",《论语》中的"三人行,必有我师焉",毛泽东所说"谦虚使人进步"等。现在请根

---

① 汪凤炎,郑红.孔子界定"君子人格"与"小人人格"的十三条标准[J].道德与文明,2008(4):46-51.

据您对谦虚心的理解,根据您的亲身体验或对周围同学的观察,写出能够揭示谦虚心这个概念内涵的形容词或短语,至少15个。

附录二 大学生谦虚心描述词(短语)调查问卷

亲爱的同学:

　　您好!

　　下面是一组描述谦虚心的词或短语,请您按照自己的真实想法判断这些词语谦虚心的内涵符合程度,请在最符合您真实想法的选项上画"√",您的答案无对错好坏之分。我们所搜集的信息仅用于科学研究,绝对保密。谢谢您的合作!

1. 虚心　　　A. 非常不符合　B. 不符合　C. 一般　D. 符合　E. 非常符合
2. 谦和　　　A. 非常不符合　B. 不符合　C. 一般　D. 符合　E. 非常符合
3. 谦让　　　A. 非常不符合　B. 不符合　C. 一般　D. 符合　E. 非常符合
4. 中国人　　A. 非常不符合　B. 不符合　C. 一般　D. 符合　E. 非常符合
5. 彬彬有礼　A. 非常不符合　B. 不符合　C. 一般　D. 符合　E. 非常符合
6. 美德　　　A. 非常不符合　B. 不符合　C. 一般　D. 符合　E. 非常符合
7. 友好　　　A. 非常不符合　B. 不符合　C. 一般　D. 符合　E. 非常符合
8. 低调　　　A. 非常不符合　B. 不符合　C. 一般　D. 符合　E. 非常符合
9. 请教　　　A. 非常不符合　B. 不符合　C. 一般　D. 符合　E. 非常符合
10. 君子　　　A. 非常不符合　B. 不符合　C. 一般　D. 符合　E. 非常符合
11. 修养　　　A. 非常不符合　B. 不符合　C. 一般　D. 符合　E. 非常符合
12. 不耻下问　A. 非常不符合　B. 不符合　C. 一般　D. 符合　E. 非常符合
13. 包含　　　A. 非常不符合　B. 不符合　C. 一般　D. 符合　E. 非常符合
14. 恭敬　　　A. 非常不符合　B. 不符合　C. 一般　D. 符合　E. 非常符合
15. 虚怀若谷　A. 非常不符合　B. 不符合　C. 一般　D. 符合　E. 非常符合
16. 品质　　　A. 非常不符合　B. 不符合　C. 一般　D. 符合　E. 非常符合
17. 善良　　　A. 非常不符合　B. 不符合　C. 一般　D. 符合　E. 非常符合
18. 温和　　　A. 非常不符合　B. 不符合　C. 一般　D. 符合　E. 非常符合
19. 真诚　　　A. 非常不符合　B. 不符合　C. 一般　D. 符合　E. 非常符合
20. 为人处世　A. 非常不符合　B. 不符合　C. 一般　D. 符合　E. 非常符合
21. 谨慎　　　A. 非常不符合　B. 不符合　C. 一般　D. 符合　E. 非常符合
22. 诚实　　　A. 非常不符合　B. 不符合　C. 一般　D. 符合　E. 非常符合
23. 态度　　　A. 非常不符合　B. 不符合　C. 一般　D. 符合　E. 非常符合
24. 高尚　　　A. 非常不符合　B. 不符合　C. 一般　D. 符合　E. 非常符合

25. 人格	A. 非常不符合	B. 不符合	C. 一般	D. 符合	E. 非常符合
26. 认真	A. 非常不符合	B. 不符合	C. 一般	D. 符合	E. 非常符合
27. 沉稳	A. 非常不符合	B. 不符合	C. 一般	D. 符合	E. 非常符合
28. 乐观	A. 非常不符合	B. 不符合	C. 一般	D. 符合	E. 非常符合
29. 奋斗	A. 非常不符合	B. 不符合	C. 一般	D. 符合	E. 非常符合
30. 大方	A. 非常不符合	B. 不符合	C. 一般	D. 符合	E. 非常符合
31. 老实	A. 非常不符合	B. 不符合	C. 一般	D. 符合	E. 非常符合
32. 自信	A. 非常不符合	B. 不符合	C. 一般	D. 符合	E. 非常符合
33. 上进	A. 非常不符合	B. 不符合	C. 一般	D. 符合	E. 非常符合
34. 学习	A. 非常不符合	B. 不符合	C. 一般	D. 符合	E. 非常符合
35. 淡定	A. 非常不符合	B. 不符合	C. 一般	D. 符合	E. 非常符合
36. 喜爱	A. 非常不符合	B. 不符合	C. 一般	D. 符合	E. 非常符合
37. 冷静	A. 非常不符合	B. 不符合	C. 一般	D. 符合	E. 非常符合
38. 成功	A. 非常不符合	B. 不符合	C. 一般	D. 符合	E. 非常符合
39. 勇敢	A. 非常不符合	B. 不符合	C. 一般	D. 符合	E. 非常符合
40. 知识渊博	A. 非常不符合	B. 不符合	C. 一般	D. 符合	E. 非常符合
41. 内向	A. 非常不符合	B. 不符合	C. 一般	D. 符合	E. 非常符合
42. 自卑	A. 非常不符合	B. 不符合	C. 一般	D. 符合	E. 非常符合
43. 虚荣	A. 非常不符合	B. 不符合	C. 一般	D. 符合	E. 非常符合
44. 自负	A. 非常不符合	B. 不符合	C. 一般	D. 符合	E. 非常符合
45. 落后	A. 非常不符合	B. 不符合	C. 一般	D. 符合	E. 非常符合
46. 骄傲	A. 非常不符合	B. 不符合	C. 一般	D. 符合	E. 非常符合
47. 虚假	A. 非常不符合	B. 不符合	C. 一般	D. 符合	E. 非常符合

第二节　中国人谦虚心的内隐态度

一、理论依据与研究假设

（一）理论依据

谦虚是中华民族的传统美德，也是中国人理想的人格特质。而骄傲自满则被看作是人格中的消极品质。《尚书·大禹谟》记载:"满招损,谦受益。时乃天道。"①谦虚与骄傲在中国文化中有着深刻的历史文化渊源。尧舜禹时代强调"公德孝敬",主张"允恭克让"四种德性。《尚书·尧典》记载:"帝尧曰放勋,钦明文思安安。允恭克让,光被四表,格于上下。克明俊德,以亲九族。平章百姓,协和万邦。"②尧帝主张贤德之人必自谦。儒家思想中也主张"以下敬上,以卑敬尊",讲究"谦德之礼",杜绝"虚夸自满"。《谦卦·象传》有此论述:"谦亨,天道下济而光明,地道卑而上行。天道亏盈而益谦,地道变盈而流谦,鬼神害盈而福谦,人道恶盈而好谦。"③天、地、人等世间万物的运转讲究"亏盈益谦","卑以自守"可获得更大的发展空间,否则物极必反。《荀子·宥坐》记载孔子观欹器,孔子叹:"虚则欹,中则正,满则覆。"④"聪明圣知,守之以愚;功被天下,守之以让;勇力抚世,守之以怯,富有四海,守之以谦;此所谓挹而损之之道也。"⑤孔子用欹器注水表达了"虚则倾,满则覆",而"自谦无往不利"。道家中"无为、不争"同样蕴含了"盈亏谦益"的思想。老子曰:"持而盈之,不如其已,揣而锐之,不可长保,金玉满堂,莫之能守。富贵而骄,自遗其咎。"⑥老子用"以退求进""无为胜有为"的方法来平衡自己和他人甚至宇宙之间的关系,可达到物我的和谐。由上述可看出,古代圣人认为君子有恭敬谦虚之德,但骄傲自满有悖德行,阻碍自我发展。在人际和谐方面,谦虚是君臣、同事、朋友乃至家庭等关系中提倡的一种交往方式。《抱朴子·斥骄》载:"劳谦虚己,则附之者众,骄慢倨傲,则去之者多。"⑦王阳明认为"谦者众善之基,傲者众恶之魁","为子而傲必不孝,为臣而傲必不忠,为父而傲必不慈,为友而傲必不信"。⑧可以看出,无论是在人际冲突还是非人际冲突的情境下,谦虚待人有利于沟通交往。而目空一切、盛气凌人则会导致旁人离他而去。综上所述,古代圣人皆以谦虚为教。在自我发展上,强调躬亲自省、低调做事,切勿目空一切、骄奢淫逸。在人际交往中,讲究厚人薄己、谦虚礼待,切勿趾高气扬、盛气凌人。由此可见,"谦虚无往不利,骄傲故步自封"的观点在中国传统文化中的显著地位。

目前,在骄傲的研究领域中,国外学者在其定义、结构、测量与成就动机、自尊、完美主义等相关关系方面取得初步成果。最具有代表性的是特蕾西(Tracy)和罗宾斯(Robins)提出的"自我意识情感模型理论",将骄傲定义为当个体成功时,自我内在归因所产生的自我意识情感,并将其分为"真挚性骄傲"和"自恃性骄傲"。在

①② 王世舜,王翠叶.中华经典名著全本全注全译丛书:尚书[M].北京:中华书局,2012:3,365.

③ 周振甫.周易译注[M].北京:中华书局,2012:375.

④⑤ 荀况,张觉.荀子译注[M].上海:上海古籍出版社,1995:641-642.

⑥ 陈鼓应.老子注译及评介:修订增补本[M].北京:中华书局.2009:89.

⑦ 葛洪.抱朴子[M].上海:上海古籍出版社,1990:248.

⑧ 王阳明.传习录注疏[M].上海:上海古籍出版社,2015:281.

骄傲的相关因素研究中,国外学者认为适当的骄傲与成就动机相关。Tracy 和 Robins 研究的关于骄傲与自尊的相关关系的结果表明:"真挚性骄傲"与其呈正相关,而"自恃性骄傲"与其呈负相关,与"自恋"呈正相关。除此之外,在成功时,健康完美主义者容易产生骄傲情绪,不健康完美主义者在失败时倾向于体验到的情感是羞愧和内疚。在骄傲的跨文化研究中,骄傲的表露与识别存在普遍性。但西方国家与东方国家在骄傲的认知方面存在差异。相比于西方国家,东方国家对骄傲的理解更具有负面性。[①]这可能是受"盈亏谦益"的中国传统文化的影响。个体受到家庭、同伴、大众传媒等社会化媒介的影响,接受了"盈亏谦益"的观点。个体在外显层面表现对骄傲负向评价和对谦虚正向评价。但21世纪,信息化、全球化、市场化的潮流已经深刻地影响了中国人生活的方方面面,"解放天性,展现自我""能者上,庸者下""唯才是用"的思想是否影响了现代人对"不争不伐""卑己尊人"的看法? 在内隐层面,中国人是否仍然认同"盈亏谦益"的思想? 这些问题需进一步研究。

(二)研究假设

鉴于此,本节从社会内隐态度的角度探索在新时代成长下的大学生对谦虚和骄傲功能的评价。本节采用经典的内隐联想范式(IAT)、单类内隐联想测验(SC-IAT)、自陈量表法分别测量中国人谦虚心的相对内隐态度、整体内隐态度和外显态度,并探索中国人谦虚的内隐态度与外显态度的关系。

二、研究对象、程序和方法

(一)研究对象

随机选取合肥师范学院76名大学生为被试,其中男生36人,女生40人,年龄为22.61±1.50岁;大一25人,大二21人,大三18人,大四12人;所有被试视力或矫正视力正常,能熟练使用操作计算机,并且所有被试均参加过该类实验。

(二)研究材料

1. 谦虚心相对内隐态度(IAT)研究材料

首先从现代汉语字典中挑选出谦虚词和骄傲词各 16 个,然后通过问卷的形

---

① 李斌,徐富明,邓子鹃. 骄傲的研究述评及展望[J].心理研究,2009,2(6):25-31.

式让大学生对这些词语按照两个标准(常用程度、代表程度)进行排序。通过计算每个词语的平均值高低选出谦虚目标词和骄傲目标词各8个。选出的代表目标词"谦虚"的词汇有:自谦、不耻下问、谦逊、虚心、谦恭、洗耳恭听、谦和、谦让。代表目标词"骄傲"的词汇有:骄傲自满、恃才傲物、居功自傲、目空一切、夜郎自大、自命不凡、狂妄自大、自高自大。参考《解读中国人的人格》中的表"自我指向特点的形容词"①,按照好恶度(社会赞许程度)、熟悉度、现代性(是现代人常用词与否)筛选积极和消极属性词。代表属性词"积极"作用的词有:可信任的、优秀的、有内涵的、杰出的、能干的、容易相处的、努力向上的、进取的。代表属性词"消极"作用的词有:靠不住的、轻狂的、喜欢夸耀的、散漫的、独断的、不理性的、虚荣的、做事马虎的。

2. 谦虚心整体内隐态度(SC-IAT)研究材料

实验中,代表概念词和属性词的词汇通过问卷形式从本科生中收集,然后通过组织心理学专业专家对收集到的词汇进行评定,并结合参考《解读中国人的人格》中形容中国人人格的词,依据词的好恶度、意义度、熟悉度、现代性四个标准权衡进行筛选。最后挑选出最能代表谦虚心品质的6个词,分别是:谦虚、谦逊、谦卑、虚心、谦恭、谦让;形容谦虚心的6个积极词,分别是:随和的、有涵养的、自信的、进取的、为人设想的、睿智的;形容谦虚心的6个消极词,分别是:虚伪的、可怕的、做作的、狡猾的、口是心非的、阴险的。

(三) 研究程序

1. 谦虚心相对内隐态度(IAT)研究程序

运用E-Prime2.0软件编制了谦虚—骄傲内隐态度研究程序,研究材料全部随机呈现。被试在电脑上完成IAT测验。

研究程序分为七部分。首先,被试先做三组练习:一是对呈现的刺激词进行判断,属于"谦虚"一类的按"Q"键,属于"骄傲"一类的按"P"键;二是对属性词进行判断,属于"正向积极的"一类的按"Q"键,属于"负向消极的"一类的按"P"键;三是归类判断,被试在看到"谦虚""正向积极的"一类的词语时,按"Q"键。被试在看到"骄傲""负向消极的"一类的词语时按"P"键,练习阶段电脑不记录反应时。练习阶段之后,进入正式研究阶段。正式研究阶段,让被试归类反应。"谦虚—积极"按"Q"键,"骄傲—消极"按"P"键。研究的第五步是练习交换左右键反应的内容,要求被试对目标词"谦虚"按"P"键,对"骄傲"按"Q"键。第六步是联合任务的练习阶段,要求被试对"谦虚—消极"按"P"键,"骄傲—积极"按"Q"键。第七步是第六步

---

① 崔红.解读中国人的人格[M].北京:社会科学文献出版社,2005:371-414.

的正式测验阶段。研究程序的模式见表6.4。

表6.4　谦虚—骄傲IAT的程序步骤

步骤	反应次数	作用	左上角的概念标签	右上角的概念标签
1	20	练习	谦虚词	骄傲词
2	20	练习	积极词	消极词
3	20	练习	谦虚词/积极词	骄傲词/消极词
4	40	测试	谦虚词/积极词	骄傲词/消极词
5	20	练习	骄傲词	谦虚词
6	20	练习	骄傲词/积极词	谦虚词/消极词
7	40	测试	骄傲词/积极词	谦虚词/消极词

2. 谦虚心整体内隐态度(SC-IAT)研究程序

采用E-Prime 2.0软件编制单类内隐联想测验(SC-IAT)。其中概念词为系列“谦虚心品质”，属性词为用以评价人的“积极”和“消极”属性的形容词。练习阶段不记录实验结果，测试阶段记录实验结果。步骤2和步骤4分别做48次实验。为了防止被试反应偏差，相容任务中，概念词(代表“谦虚心品质”的词)、属性词(形容谦虚心的积极词和消极词)按照1∶1∶2的频率出现，使得左右按键的比率各为50％；不相容任务中，积极词、代表“谦虚心品质”的词和消极词按照2∶1∶1的频率出现，使得左右按键的比率也各为50％。

被试在归类任务中会给予及时反馈。被试判断正确会在屏幕中央出现绿色“√”，呈现刺激的持续时间为200 ms，若被试判断错误会在屏幕中央出现红色“×”，持续时间也为200 ms。程序模式见表6.5。

表6.5　大学生内隐谦虚态度的SC-IAT程序模式

步骤	实验次数	功能	“D”键	“K”键
1	24	练习	谦虚心＋积极词	消极词
2	48	测试	谦虚心＋积极词	消极词
3	24	练习	积极词	谦虚心＋消极词
4	48	测试	积极词	谦虚心＋消极词

3. 谦虚心的外显态度的测量

采用本书第四章中自编的大学生谦虚问卷进行测量，该问卷用于测量大学生谦虚心的外显态度，包括谦虚认知、谦虚情绪、谦虚动机和谦虚行为4个分量表，共20个条目。项目采用Likert 5点计分，从“1完全不符合”，到“5完全符合”。问卷可以测得4个分量表和总量表的得分，被试得分越高，表示其谦虚心的外显态度表现较好。问卷编制时进行了信效度检验，其中全问卷的克隆巴赫 α 信度系数为0.81，分半信度为0.71,各维度的克隆巴赫α系数为0.62～0.79,说明问卷具有较好的信度;验证性因素分析证明了模型有着较高的结构效度(χ^2＝369.318,χ^2/df＝2.252,IFI＝0.928, RFI＝0.859, NFI＝0.878, TLI＝0.916, CFI＝0.928, RMSEA＝0.046)。本次施测问卷的克隆巴赫α信度系数为0.83。

(四)数据分析方法

1. 谦虚心相对内隐态度(SC-IAT)数据处理方法

采用格林沃尔德、诺斯克(Nosek)和巴纳吉(Banaji)提出的IAT的D值计算法,IAT实验把错误反应的反应时用它所在步骤的反应时的平均值加上600 ms,予以内隐实验用D值表示效应大小,反应时均值差(不相容任务－相容任务)除以所有被试正确平均反应时的标准差即为D_1。数据统计分析采用SPSS 17.0。

2. 谦虚心整体内隐态度(SC-IAT)数据处理方法

采用卡尔平斯基等在研究中所使用的SC-IAT分数的计算方法[①]。删除反应时高于10000 ms和低于350 ms的极端数据,同时对被试错误反应的反应时进行修改,把错误反应的反应时用它所在步骤的反应时的平均值加上400 ms予以替代。内隐联想测验用D_2值表示内隐效应的大小,即计算其相容任务和不相容任务的平均反应时之差,再除以所有正确反应(不包括原先的错误反应)的反应时的标准差,所得数值即为D_2值。D_2值反映了相容任务和不相容任务反应时差异程度,D_2值越大说明不相容任务反应时比相容任务反应时大得越多,即内隐效应越大。本节研究中,界定步骤2为相容任务,步骤4为不相容任务(见表6.5)。用步骤4的平均反应时减去步骤2的平均反应时,再除以所有正确反应的反应时的标准差,所得到的D分数越大,就说明在被试内隐层面对谦虚心表现越好。

三、研究结果

(一)谦虚心相对内隐态度(SC-IAT)测量结果

1. 谦虚心相对内隐态度情况

谦虚－骄傲IAT实验的内隐效应D＝0.98。所有被试相容测验平均反应时和

---

① Karpinski A, Steinman R B.The single category implicit association test as a measure of implicit social cognition[J].Journal of Personality and Social Psychology,2006,91(1):16-32.

不相容测验平均反应时的配对样本 t 检验结果显示,相容测验反应时显著短于不相容测验的反应时($t=15.1,p<0.001$)。对 D_1 值进行单样本 t 检验结果显示,所有被试的 D_1 值显著大于0($t=15.32,p<0.001$)。男女的内隐态度的性别差异不显著($t=0.607,p=0.549$)。全部被试的IAT相容反应、不相容平均反应时间以及 D_1 值如表6.6。

表6.6 谦虚—骄傲IAT平均反应时间、标准差以及 D_1 值(ms)

性别	N	相容反应	不相容反应	D_1 值
男	27	1162.15±268.43	2037.25±443.19	0.93±0.37
女	43	1099.39±308.27	1894.88±434.36	1.01±0.62
总	70	1123.6±293.16	1949.79±440.14	0.98±0.53

2. 不同任务下内隐态度比较

在相容任务下,被试对"谦虚—积极词"和"骄傲—消极词"的平均反应时达到边缘显著差别($t=1.88,p=0.064$)。在不相容任务下,被试对"谦虚—消极词""骄傲—积极词"平均反应时无统计学意义差别($t=-0.8,p=0.426$),具体见表6.7。

表6.7 不同任务的平均反应时和标准差(ms)

	谦虚	骄傲
积极词	1278.77±373.57	2189.59±780.23
消极词	1154.03±430.86	2091.23±684.75

(二) 谦虚心整体内隐态度(SC-IAT)测量结果

1. 谦虚心整体内隐态度(SC-IAT)信度分析

根据卡尔平斯基的SC-IAT的内部一致性系数的计算方法,将所有被试的测试反应时间数据按照奇偶数分为两部分,分别计算相容任务和不相容任务的平均反应时间,并求出二者反应时间的差值。这样所有被试均有两个差值,求所有被试的两个差值的相关系数,并对该相关系数进行校正,所得校正后的相关系数即为SC-IAT的信度指标。本书采用Spearman-Brown校正公式校正后的相关系数为 $r=0.65,p<0.01$。说明本次施测的谦虚心SC-IAT信度较高。

2. 谦虚心整体内隐效应分析

将所有被试相容任务的反应时与不相容任务的反应时进行比较,并作配对样本 t 检验,结果显示,不相容任务的反应时(750.93±188.29,单位:ms)明显高于相容任务的反应时(620.68±136.39,单位:ms)($t=4.87,p<0.001$),同时求得 $D_2=0.49$,说明内隐效应显著,大学生在内隐层面对谦虚心的态度非常积极。

对男女大学生 D_2 值得分差异独立样本 t 检验,结果显示,男生的 D_2 值为 0.43(0.50),女生的 D_2 值为 0.52(0.36),两者差异 t 检验值为 $t=0.90$,$p=0.527>0.05$,差异不显著。这说明在内隐层面被试对谦虚心的态度也具有普遍性。

(三)谦虚心的外显态度测量结果

大学生谦虚心问卷的中点值为 50.5,被试谦虚心的平均得分为 77.25(标准差为 9.34),高于量表中点值两个标准差以上,说明被试维持着非常积极的外显谦虚评价。对男女大学生谦虚心的外显态度得分差异进行独立样本 t 检验,结果为 $t=0.791$,$p=0.434>0.05$;不存在显著差异,说明在外显层面被试对谦虚心的积极评价具有普遍性。

(四)谦虚心相对内隐态度、整体内隐态度和外显态度的相关分析

将谦虚心相对内隐效应 D_1、整体内隐态度 D_2 和外显态度得分进行相关分析,结果显示,D_1 与 D_2 相关系数 $r=0.342$,$p<0.05$;D_1、D_2 分别与外显态度得分的相关系数分别为 $r=0.083$、$r=0.062$,$p>0.05$,相关系数较小且没有达到显著水平,具体见表 6.8。

表 6.8　相对内隐态度、整体内隐态度和外显态度的相关分析

	相对内隐 D_1	整体内隐 D_2	外显态度
相对内隐 D_1	1		
整体内隐 D_2	0.342**	1	
外显态度	0.083	0.062	1

四、中国人对谦虚态度的基本特征

(一)中国人谦虚心相对内隐态度的基本特征

本节研究的结果表明谦虚—骄傲的内隐效应显著 $D=0.98$,不相容任务的平均反应时(1949.79 ms)显著大于相容任务的平均反应时(1123.60 ms),且不存在性别差异($t=0.607$,$p=0.549$)。这说明被试对谦虚的内隐态度较为积极,并且具有跨性别的普遍性。该节研究结果与前人的外显研究结果基本一致。胡金生、黄

希庭采用开放式问卷的形式对217名大学生进行自谦的理解和认同调查,其结果显示绝大多数人都强调自谦对人们的生活很重要。[①]通过以上研究可以看出,现代中国人无论是在外显层面,还是内隐态度上,都较认同谦虚的正向价值。除此之外,现代中国人对谦虚的态度与古人的观点是存在相似之处的。现代中国人认为谦虚的积极作用主要表现在"工具性"和"自我提升"两个方面。而运用古籍内容分析的方法,学者归纳出古籍中涉及的谦虚正向作用的五个方面:和谐性(低调处人)、进取性(以退为进)、防御性(自我设限、避免灾祸)、礼貌性、道德性。其中,和谐性、进取性、防御性意味着个体采用自谦行为达到人际和谐或自我保护的目的,属于"工具性"范畴;礼貌性和道德性属于"自我提升"的范畴。[②]

中国人认为骄傲的负向作用更大。本节研究通过在相容任务、不相容任务两种情况中比较目标词(谦虚特征词、骄傲特征词)与属性词(积极词、消极词)的联结程度。其统计结果显示:在相容任务中,谦虚概念词与积极属性词的联结程度和骄傲概念词与消极属性词的联结程度相似,但谦虚与积极词比骄傲与消极词的联结更强,达到边缘显著水平($t=1.88, p=0.064$),这说明谦虚一直被认为是一种积极的个性品质,而骄傲有时不一定是绝对消极的,比如群体或个体自身获得了荣誉或奖励时,可能会说"我们(我)感到骄傲"等。在不相容任务中,谦虚概念词与消极属性词的联结程度和骄傲概念词与积极属性词的联结程度相似($t=-0.8, p=0.426$)。这个结果说明被试认同骄傲具有更大的负向价值。

中国人对谦虚的正向评价和对骄傲的负向态度,其原因可能是受到认知、动机、环境等因素的影响。首先,在认知上,中国人理解的骄傲内涵与"傲慢""浮夸""虚荣""势力"等因素相关,这些因素不利于个人适应环境,实现自我发展。同时,中国是以社会取向为主流的自我价值观(成功的效价取决于集体成员对目标的评价与好恶)的国家[③],"公德孝敬"的谦德之礼符合主流价值观。而骄傲自满是个体在成功时进行自我归因或向下比较所产生的,具有个体主义色彩。另外,谦虚与传统的辩证思想和中庸思想非常契合。谦虚"以阳居阴""以退为进"的行事风格反映了中国人由动态、反面及整体的角度来思考事物的思维方式,表现在自我概念、自尊、偏好归因等各个方面。[④]由于中庸思想认可的导向应是"自信但不自大,谦虚但

① 胡金生,黄希庭.自谦:中国人一种重要的行事风格初探[J].心理学报,2009,41(9):842-852.

② 胡金生,黄希庭.自谦:中国人一种重要的行事风格初探[J].心理学报,2009,41(9):842-852.

③ 杨国枢.华人自我的理论分析和实证研究:社会取向和个人取向的观点[J].本土心理学研究,2004,22:11-80.

④ 许功余,杨国枢.台湾与大陆华人基本性格向度的比较[J].本土心理学研究,2001,16:185-225.

不自卑。"所以中国人认为骄傲自满不值得提倡。其次,避免人际冲突是自谦最基本的动机[①],喜欢夸耀的人不仅不能赢得别人的尊重,在失败时也常会受到别人的讥讽。相反的,无论是在处理冲突的人际情境还是和谐的人际关系,低调谨慎的行为模式会被人称作"成熟""稳重"。中国人认为人心皆欲求胜,如果不加限制,就会争夺悖乱,唯有约束人欲才能实现整体性和谐。最后,中国人对"盈损谦益"的态度可能是社会化的成果。从小学开始,个体开始表现出贬低自我夸耀、积极地评价自谦的行为。[②]傅根跃、陈伟伟在对314名7～11岁儿童的谦虚心的研究中发现随着年龄增长,谦虚心水平有所提高,且家长的集体主义水平与学生的谦虚水平正相关。[③]因此,随着"自我""观点采择""亲社会道德推理"等认知能力的发展和家庭、教育等社会化媒介的强化,促使了个体对谦虚的积极作用和骄傲的消极作用的态度的内化与认同。

(二) 中国人谦虚心整体内隐态度的基本特征

单类内隐联想测验结果充分证实了被试的谦虚心的整体内隐态度效应的存在,相容任务的反应时明显快于不相容任务的反应时;其内隐积极效应十分明显,表明被试的内隐层面对自己的评价也是非常积极的。大量的研究证实个体对自己的看法存在正向、积极的倾向,并努力地维持这种积极的自我评价,该研究结果与这些研究相符。[④⑤]与谦虚心外显测验结果一样,谦虚心的整体内隐态度测验中也没有发现在被试中存在性别差异,也说明了在内隐层面被试对谦虚心的内隐态度具有一定的普遍性。因为谦虚心的整体内隐态度主要是针对个体自我的一种态度的表现;自我SC-IAT确立的基础是个体对自己长期的综合评价,这种测量比较并不涉及特定的群体间的比较(如性别、年龄等)。此结果也从性别这一人口学变量的角度证明了谦虚心的整体内隐态度效应具有普遍性,也符合Greenwal等的内隐

---

① 胡金生,黄希庭.自谦:中国人一种重要的行事风格初探[J].心理学报,2009,41(9):842-852.

② Toshio Y, Kazunori K, Hidetoshi K.A study on the development of self-presentation in children[J].Japanese Journal of Educational Psychology,1982,30(2):120-127.

③ 傅根跃,陈伟伟.小学儿童谦虚的道德评价[J].心理科学,2000(5):70-74,128.

④ 艾传国,佐斌.外显自尊、相对内隐自尊和整体内隐自尊[J].中国临床心理学杂志,2011(6):763-765,778.

⑤ Tesser A.On the confluence of self-esteem maintenance mechanisms [J].Personality and Social Psychology Review,2000,4(4):290-299.

社会认知统一论的观点[①]。谦虚心的外显态度与谦虚心的整体内隐态度均不存在性别差异,说明谦虚心在外显与内隐两个层面具有跨越性别的普遍性,也说明个体谦虚心的普遍性。

(三) 中国人谦虚心外显态度的基本特征

从谦虚心的外显态度的测量结果可知,谦虚心的外显态度量表上的得分的平均值(77.25)远远高于该量表的中点值(50.50),差距达到两个标准差以上。这一结果显示被试维持着非常积极的谦虚心的外显态度的评价,被试的谦虚心的外显态度平均水平较高,对自己的整体评价比较积极,这与众多研究结果基本一致。这也说明谦虚心作为中华民族的传统美德得以继承和发扬。进一步的研究发现谦虚心的外显态度测验不存在性别差异,说明被试在外显层面对谦虚心的积极评价具有一定普遍性。

本节研究的结果显示被试的谦虚心的外显态度倾向非常明显,高于其他所测量的谦虚心水平。其原因可能是在测验过程前要求被试在问卷上填写个人信息,这可能大大地增加了社会赞许对被试测验结果的影响,即被试因在意在他人面前的表现,希望给他人留下自己谦虚好学、低调做人的好印象,所以会倾向于以社会赞许的方式回答问题,从而提高了他们的测验得分。

(四) 中国人谦虚心相对内隐态度、整体内隐态度和外显态度的关系

谦虚心的外显态度与谦虚心的相对内隐态度和整体内隐态度的测验分数相关不显著,说明谦虚心的外显态度与谦虚心的内隐态度之间不存在相关关系,即两者彼此分离,谦虚心的外显态度与谦虚心的内隐态度是两个不同的建构。这一结果与大量的有关社会认知的内隐测验与外显测验关系研究相一致,国外相当一部分实验研究成果显示内隐测验与外显测验之间相关不显著或较低的相关[②];对此结果,研究者提出了不同的解释:威尔逊(Wilson)的双重态度理论认为,人们对个体或他人可能存在两种态度,一种是内隐的、自动化的,一种是外显的、受意识支配

---

① Greenwald A G, Banaji M R, Rudman L A, et al. Unified theory of implicit attitudes, stereotypes, self-esteem, and self-concept[J].Psychological Review,2002,109(1):3.

② Egloff B, Schmukle S C.Predictive validity of an implicit association test for assessing anxiety[J].Journal of Per sonality and Social Psychology,2002,83(6):1441.

的,二者共存于记忆系统中①。人们所具备的外显性与内隐性的谦虚心态度都是相互独立存在的,谦虚心的外显态度与谦虚心的内隐态度测验结果的分离表明了谦虚心实际结构的分离。也有学者认为自陈量表与内隐测验结果之所以缺乏一致性,是因为二者的内容不同,那些与内隐测验所用材料相同的外显测验表现出与内隐测验更好的相关,故影响外显测验的因素(如自我表现、评价忧虑等)可能导致了相关不高。②格林沃尔德等人认为出现此结果可能存在两种原因:其一,内隐测验所研究社会认知问题在社会环境中同质性比较高,取样较窄,故无法求得高相关;其二,外显测验存在社会赞许、被试反应偏差等不足以将二者分离。③有学者对社会赞许因素加以控制,并对外显与内隐测验的项目层次进行了匹配,结果发现,内隐与外显测验的相关仍然较低。④这说明内隐测验与外显测验所测到的可能是两个独立的建构。

　　本节从内隐社会认知的角度对"满招损,谦受益"认同度进行初步探索,但未考虑情境变量、被试的认知因素等方面是本节研究需要改进的地方之一。未来可用开放式问卷分析大学生对谦虚、骄傲内涵的理解,根据被试对谦虚、骄傲内涵的认知进行分类,再进一步讨论谦虚、骄傲的作用。另外,被试可能在不同的情境下对谦虚、骄傲的态度是不同的。在人际情境、非人际情境中综合考察"满招损,谦受益",也是未来可研究的方向。最后,本节研究的结果基本支持内隐与外显社会认知相互分离的基本观点。内隐谦虚心与外显谦虚心测验结果的相关分析显示,两种测验结果存在低相关并且相关未达到显著水平。说明个体同时存在外显谦虚心和内隐谦虚心,而且二者是彼此分离的,属于两个独立的建构。

五、研究结论

　　本节研究采用IAT和SC-IAT两种实验范式,测量了大学生对谦虚心的相对内隐态度和整体内隐态度;同时利用问卷调查法测量了大学生对谦虚心的外显态度。结果发现当代大学生对传统的谦虚心存在积极的内隐态度和外显态度,说明

---

　　① Wilson T D, Lindsey S, Schooler T Y. A model of dual attitudes[J]. Psychological Review, 2000, 107(1):101-126.

　　② Nosek B, Banaji M. Two factors moderate the relationship between implicit and explicit attitude Warszawa: WIPPAN & SWPS, 2002:49-56.

　　③ Greenwald A G, Banaji M R, Rudman L A, et al. Unified theory of implicit attitudes, stereotypes, self-esteem, and self-concept[J]. Psychological Review, 2002, 109(1):3.

　　④ Karpinski A, Hilton J. Attitudes and the im plicit association test[J]. Journal of Personality and Social Psychology, 2001, 81(5):774-788.

谦虚心已成为中国人的集体潜意识,时刻影响着中国的心理、行为和人际交往方式。另外,研究还发现,大学生对谦虚心的内隐和外显态度是相互独立和分离的,这说明谦虚心的内隐和外显结构是两个相互独立的建构。

第三节 中国人谦虚心的基本现状

一、研究背景

谦虚一直以来都被认为是中国的传统美德,是中国人的典型人格特征之一,更是影响人际交往的一个因素。通过文献搜索我们发现,有关谦虚的研究很多,但是从心理学视角研究的较少。国外曾有研究者认为自尊的文化差异是由自尊的认知成分的差异导致的,而认知成分的差异进一步又是由谦虚导致的。[1]也有研究发现自尊的文化差异可以有不同文化的谦虚水平的差异解释。[2]其中胡金生教授等对中国人的自谦做了较为系统的研究,他首先从中国古代典籍中归纳了中国传统文化中蕴含的自谦的内涵、实质、种类以及功能等,并结合传统观念对现代中国人自谦做了界定、谦虚的影响因素及应用做了详细的阐述。汪凤炎教授在著作和论文中多次对谦虚做了大量的论述,认为谦虚是中国人的君子人格的标准之一。[3]燕国材教授对谦虚心的特点、类别,以及谦虚心的发展与培养以及对学习的影响进行了论述,认为谦虚心既是一种道德品质,又是一种性格特征,它是成功学习的动力与保证。[4]另外蔡华俭等认为自尊的文化差异可以被谦虚的文化差异解释。[5]

近年来,随着我国经济、文化的复兴,中国传统文化开始引起多方面的关注。

① Cai H, Brown J D, Deng C, et al. Self-esteem and culture: differences in cognitive self-evaluations or affective self-regard? [M]. Asian Journal of Social Psychology, 2007(10):162-170.

② Jenny, Kurman. Why is self-enhancement low in certain collectivist cultures? [J]. Journal of Cross-Cultural Psychology, 2003(34):496-510.

③ 汪凤炎,郑红.孔子界定"君子人格"与"小人人格"的十三条标准[J].道德与文明,2008(4):46-51.

④ 燕国材.论谦虚心与学习[J].上海:上海教育科研,2010(10):52-54.

⑤ 蔡华俭,丰怡,岳曦彤.泛文化的自尊需要:基于中国人的研究证据[J].心理科学进展,2011(1):1-8.

在构建和谐社会过程中,开始挖掘传统文化中的精髓思想,许多优秀的传统文化开始重现旺盛的生命力。中国人的谦虚心理作为中国人较为典型的心理现象,也引起大家越来越多的关注。故此,本节研究旨在在中国文化背景下,对当代大学生谦虚心理特点进行分析,并以此为基础对中国文化背景下大学生的谦虚心理表现进行深入了解,分析当代大学生的谦虚心理和行为特点及其个体差异。

二、研究方法

(一) 研究对象

选取合肥师范学院、合肥工业大学、安徽中医学院在校大学生作为被试,共收到问卷622份,剔除无效数据22份。剔除原则:① 回答明显有规律的或回答很随意者(4份);② 项目回答漏3个以上者(8份);③ 人口统计学变量漏答任一项者(10份)。最后获得有效问卷600份,回收率为96.46%。

(二) 研究工具

采用自编的大学生谦虚问卷。在前人的研究成果和现有的谦虚问卷的基础上,撰写题目并在测试前后进行项目分析,通过考察题目辨别力和题总相关性,剔除了标准差小于1的项目和题总相关不显著的项目,组成了包括20道题目的正式问卷。问卷采用Likert 5点计分,项目记分依次为"一点也不同意"记1分,"基本不同意"记2分,"不确定"记3分,"基本同意"记4分,"非常同意"记5分,得分越高表示谦虚水平越高。根据因素分析结果我们将谦虚分为四个维度,即谦虚认知、谦虚情绪、谦虚动机和谦虚行为。本问卷内部一致性克伦巴赫 α 系数为0.808,分半信度系数为0.714,说明本问卷可信度较高。

(三) 统计工具

采用SPSS 13.0 Windows 2000统计软件包对数据统计分析和处理。

三、研究结果与分析

(一) 大学生谦虚心理各维度的描述统计

对600份有效问卷进行分析,考察大学生在谦虚问卷各维度上的平均数和标准差,以求从总体上初步认识大学生谦虚心理的基本特征,其结果见表6.9。

表6.9 大学生谦虚心理各维度的描述统计结果

维度	谦虚认知	谦虚情绪	谦虚动机	谦虚行为	谦虚总分
$M \pm SD$	3.862 ± 0.647	3.631 ± 0.555	3.072 ± 0.699	3.655 ± 0.547	3.555 ± 0.417

(二) 大学生谦虚心理的性别差异

考察不同性别大学生在谦虚问卷各维度及谦虚总分上得分的差异性。从表6.10可以看出,不同性别大学生在谦虚问卷各维度及其谦虚总分得分不存在统计学意义差异($p > 0.05$)。

表6.10 大学生谦虚心理的性别差异比较($M \pm SD$)

维度	男生($n = 268$)	女生($n = 332$)	t
谦虚认知	3.912 ± 0.657	3.822 ± 0.636	1.686^*
谦虚情绪	3.628 ± 0.565	3.634 ± 0.547	-0.123
谦虚动机	3.102 ± 0.691	3.048 ± 0.706	0.939
谦虚行为	3.668 ± 0.550	3.645 ± 0.545	0.497^*
谦虚总分	3.577 ± 0.439	3.537 ± 0.398	1.169

注:* 表示$p < 0.05$,下同。

(三) 大学生谦虚心理的独生子女与非独生子女差异比较

考察不同独生子女与非独生子女大学生在谦虚问卷各维度及谦虚总分上得分的差异性。从表6.11可以看出,在谦虚认知和谦虚行为两个维度方面存在显著差异,独生子女大学生谦虚认知得分高于非独生子女大学生($p < 0.05$),独生子女大学生谦虚行为得分低于非独生子女大学生($p < 0.05$),独生子女与非独生子女大学生在谦虚问卷其他维度及其总分得分不存在统计学意义差异($p > 0.05$)。

表6.11　大学生谦虚心理的独生子女与非独生子女差异比较($M \pm SD$)

维度	独生子女($n=124$)	非独生子女($n=476$)	t
谦虚认知	3.973±0.600	3.834±0.656	2.141*
谦虚情绪	3.663±0.584	3.623±0.547	0.717
谦虚动机	3.030±0.647	3.083±0.713	−0.754
谦虚行为	3.575±0.554	3.676±0.544	−1.835*
谦虚总分	3.560±0.426	3.5539±0.415	0.149

（四）大学生谦虚心理的城乡差异比较

考察来自不同的生活环境的大学生在谦虚问卷各维度及谦虚总分上得分的差异性。从表6.12可以看出，在谦虚动机维度方面存在显著差异，来自县镇的大学生谦虚动机维度得分高于来自城市和农村的大学生（$p<0.05$）；来自不同的生活环境的大学生在谦虚问卷其他维度及其总分得分不存在统计学意义差异（$p>0.05$）。城市、县镇与农村两两比较结果显示，在谦虚动机维度上，城市与县镇、城市与农村的大学生得分达到显著差异（$p<0.05$），县镇与农村得分不存在统计学意义差异（$p>0.05$），其他各维度和总分两两比较结果均没有达到统计学意义差异（$p>0.05$）。

表6.12　大学生谦虚心理的城乡差异比较($M \pm SD$)

维度	城市 ($n=71$)	县镇 ($n=109$)	农村 ($n=420$)	F	两两比较 (t)
谦虚认知	3.924±0.645	3.844±0.636	3.856±0.650	0.387	1:2(0.823); 1:3(0.815); 2:3(0.178)
谦虚情绪	3.574±0.699	3.670±0.575	3.631±0.522	0.640	1:2(−1.002); 1:3(−0.803); 2:3(−0.681)
谦虚动机	2.886±0.642	3.144±0.679	3.086±0.710	3.186*	1:2(−2.542*); 1:3(−2.220*); 2:3(−0.768)
谦虚行为	3.579±0.557	3.611±0.562	3.680±0.541	1.475	1:2(−0.371); 1:3(−1.445); 2:3(1.179)
谦虚总分	3.491±0.462	3.567±0.438	3.563±0.403	0.966	1:2(−1.117); 1:3(−1.367); 2:3(−0.089)

注：1代表城市，2代表县镇，3代表农村。

四、大学生谦虚心理的基本现状

通过本书研究结果可知,大学生谦虚总分及各维度的平均分在3~4分(各维度的满分为5分),具体为:谦虚总分为3.555,谦虚认知为3.862,谦虚情绪为3.631,谦虚动机为3.072,谦虚行为为3.655。说明本次调查的大学生谦虚心理的整体水平属中上等水平,大学生普遍存在谦虚心理现象。其中大学生谦虚认知水平最高,谦虚动机水平最低,这可能是由于大学生受到中国传统文化、中国传统的家庭教育和社会道德规范的影响,对谦虚的认同程度较高,且普遍对谦虚持有积极的态度体验,从而在实际人际交往过程中表现出较多的谦虚言行;但是,由于也受到西方文化不崇尚谦虚、重视个性张扬文化的影响,当今大学生主观上不十分愿意主动表现谦虚。

(一) 大学生谦虚心理的性别差异

关于谦虚的性别差异,从本节的研究结果可以看出,男女大学生在谦虚总分和各维度上的得分不存在统计学意义差异,以前的研究表明谦虚存在性别差异性。[1]出现这种结果其可能是由于中国文化强调"罔谈彼短,靡恃己长","自制"似乎是养成社会责任感及达到个人成就的手段。[2]崇尚谦虚是东方文化的一个显著特点。中国自古就有"满招损,谦受益,时乃天道"的智慧论述(《尚书·大禹谟》)。西方虽然也认可谦虚,但是对谦虚的强调远不如东方。[3]如杨中芳所言,中国人"自己"的表现方式,可能受到"求同""怕壮"心理的影响,以不突出自己为表现准则,甚至可能有避免表现自己的现象出现。为了自我改进,中国人对个人的错误、罪过及不良特性甚为敏感,且十分倚重自我反省与自我批评等机制来避免社会批评、责任及惩罚。[4]故此在中国文化里,无论男女都应该保持谦虚这一传统美德。只有用谦虚的心态与人打交道才能获得别人的欢迎。对大学生而言更是如此,大

---

① 潘小妗.大学生健康人格与心理健康、自我和谐的关系研究[D].漳州:漳州师范学院,2010:11.

② 刘肖岑,桑标,张文新.自利和自谦归因影响大学生人际交往的实验研究[J].心理科学,2007(5):1068-1072.

③ 蔡华俭,丰怡,岳曦彤.泛文化的自尊需要:基于中国人的研究证据[J].心理科学进展,2011(1):1-8.

④ 杨中芳.如何理解中国人[M].台北:远流出版事业股份有限公司,2001.

学生从小接受的教育就是要保持谦虚的作风，"谦虚使人进步"这句话一直伴随着他们成长。

（二）大学生谦虚心理的独生子女与非独生子女之间的差异

研究表明，独生子女与非独生子女大学生在谦虚认知和谦虚行为两个维度方面存在显著差异，独生子女大学生谦虚认知得分高于非独生子女大学生；独生子女大学生谦虚行为得分低于非独生子女大学生。这可能是由于独生子女大学生与非独生子女大学生从小的家庭教养方式有所不同，由于独生子女大学生占有的家庭教育资源较非独生子女丰富，家庭对独生子女的人际交往能力培养方面特别关注，所以独生子女对人际交往的工具认识比较丰富，而谦虚正是人际交往的工具之一，所以独生子女大学生对谦虚的认知能力要高于非独生子女大学生；相反，独生子女在成长过程中较非独生子女孤单，人际交往的行为没有非独生子女多，同时，独生子女较非独生子女自私、自我为中心也更加严重一些，所以独生子女大学生的行为谦虚要低于非独生子女大学生。从上述分析可以看出，独生子女在谦虚认知方面较非独生子女高，但真正在实际的人际交往过程中谦虚的行为表现反而较低，说明独生子女对谦虚的比较了解，但不能付诸行动。

（三）大学生谦虚心理的城乡差异

研究表明，来自不同的生活环境的大学生除了在谦虚动机维度存在差异外，其他维度得分和总分均不存在显著差异性。对这一结果可能有两种原因。其一，谦虚是中国的传统美德，中国人一贯提倡与人意见不一致时应遵循宽容谦让的原则，这已经成为中国人的一种集体潜意识。[①]也就是说中国人不管是来自城市、农村或是县镇，其谦虚心态是一种根深蒂固的思想，所以大学生的谦虚心态不存在城乡差异。其二，出现这一结果可能是取样的代表性等原因造成的，比如本次调查来自城乡大学生人数分布不均等，造成结果没有出现差异。而来自不同的生活环境的大学生在谦虚动机维度方面存在显著差异，通过进一步分析，城市、县镇与农村两两比较结果显示，在谦虚动机维度上，城市与县镇、城市与农村的大学生得分达到显著差异，来自城市的大学生谦虚动机得分明显低于来自县镇、农村的大学生，来自县镇的大学生与来自农村的大学生在谦虚动机维度上的得分没有差异。这可能是因为在中国文化里，谦虚一直是一种传统美德，而随着改革开放的进程，在城市中生活的中国人受西方文化的影响比农村和县镇更大，中国人注重对人谦虚，西方人

---

① 汪凤炎.尚"和"：中国人的集体潜意识[J].江西师范大学学报,2001(1):106-112.

看重对上帝谦卑。在跨文化交际中,中国人处处表现出谦虚,而西方人则倾向于展现自我。中西方人对于称赞的回答各有不同。中国人倾向于否定或拒绝对方的称赞,而西方人则积极接受。因此来源于城市的大学生对谦虚的动机强度就会比农村和县镇的大学生弱。

第四节　中国人谦虚心的影响因素

一、情境启动效应简介

在过去几十年里,启动效应研究在社会心理学领域一直备受瞩目。启动效应的研究几乎覆盖了所有社会心理变量,如态度、刻板印象、印象形成、目标、动机和社会行为等。[①]启动效应通常被界定为:先前经验对当前无关任务的无意识影响。[②]该定义包含了启动效应两个显著的特点:特点一,社会心理变量受无关刺激的影响;特点二,社会心理变量受无意识的影响。国外有学者对启动效应也作了具体的定义,认为启动效应是个体在先前任务中被启动的某种表征,或是自动与之发生联系的任何其他表征,在后来某个时间被激活,并对个体产生了某种未被意识到的、不受个体控制的影响。[③]该定义限定了所启动的对象是某种认知表征或思维过程,如概念和心理定势等,而并非某种心理感受或生理状态。这些心理表征被激活会使个体处于某种准备状态,这种认知上的准备状态以及表征的激活过程均是个体无法意识到的。一般来说,启动效应的产生依赖于启动与目标刺激间存在的某种正或负的关系。这种关系可以是含义的(如语义),可以是形式的(如字音或字形),也可以是问题情境。而情境启动效应是启动刺激以情境为线索,对人们心理和行为被动的、无意的影响或者实验刺激的自动化影响。启动效应的研究是内隐

---

① 张玥,辛自强.社会心理学中的启动研究:范式与挑战[J].心理科学进展,2016,24(5):844-854.

② 游旭群,苟雅宏.内隐记忆的启动效应[J].心理科学进展,2006(6):829-836.

③ Bargh J A, Chartrand T L.The mind in the middle[M]// Reis H T,Judd C M. Handbook of research methods in social and personality psychology.Cambridge：Cambridge University Press,2000:253-285.

记忆研究的重要组成部分。[①]

因此,本节研究试图从内隐谦虚心这一新视角出发,借鉴内隐社会认知领域研究的成功经验,同时采用量表和 SC-IAT 两种方法来测量谦虚心,考察两种测量方法下外显谦虚心和内隐谦虚心之间的关系。本研究既可以在实践层面上帮助人们更全面、深入、细致地认识谦虚心,又可以在理论层面上拓展内隐社会认知研究领域,丰富和发展谦虚心及内隐社会认知的研究方法。因有研究者发现,运用内隐测验的实验操作和情境设置等研究方法获得的社会认知具有一定的情境敏感性。[②]受此启发,本研究试图通过启动技术对内隐谦虚心和外显谦虚心的情境性进行研究。启动效应通常是指一个先呈现的刺激(启动刺激),对接着出现的第二个刺激(目标刺激)的加工产生的或正或负的影响。经查阅许多文献后发现,关于外显和内隐谦虚心的研究甚少,对谦虚心的情境启动效应更是寥寥无几。所以本节研究运用外显测验和内隐评价程序对大学生进行实验研究,通过对启动条件的操作探究外显和内隐谦虚心对情境变化的敏感性,分析比较不同启动情境下外显和内隐谦虚心的变化,探讨谦虚情境对大学生谦虚心的行为产生的作用。

二、研究对象与方法

(一) 被试

选取合肥师范学本科生 103 人(男生 43 人,女生 60 人),均熟悉电脑的基本操作,视力或矫正视力正常。把被试随机分为三组,积极启动组 35 人(男生 15 人,女生 20 人);消极启动组 35 人(男生 17 人,女生 18 人);控制组 33 人(男生 11 人,女生 22 人)。

(二) 测验材料

1. 外显谦虚心测验

外显谦虚心问卷采用谢威士、汪凤炎编制的大学生谦虚心问卷[③],该问卷用于测量大学外显谦虚心的特质,包括谦虚认知、谦虚情绪、谦虚动机、谦虚行为 4 个分

---

① 游旭群,苟雅宏.内隐记忆的启动效应[J].心理科学进展,2006(6):829-836.

② Rudman L A, Ashmore R D, Gary M L."Unlearning" automatic biases: the malleability of implicit prejudice and stereotypes[J].Journal of Personality & Social Psychology,2001,81(5):856.

③ 谢威士,汪凤炎.大学生谦虚问卷的初步编制[J].心理研究,2014,7(5):82-87.

量表,共20个条目。问卷采用Likert 5点计分,1表示"完全不符合",5表示"完全符合"。该问卷可以测得4个分量表和总量表的得分,得分越高者,表示被试在该谦虚心的因素或整体表现较好。该问卷的全问卷克伦巴赫 α 信度系数为0.81,分半信度为0.71,四个维度的克伦巴赫 α 信度系数为0.62~0.79,说明问卷具有较好的信度;验证性因素分析证明了模型有着较高的结构效度($\chi^2=369.318$,$\chi^2/df=2.252$,IFI=0.928,RFI=0.859,NFI=0.878,TLI=0.916,CFI=0.928,RMSEA=0.046)。上述系数说明该问卷可以作为大学生谦虚心的测量工具。此问卷在本节研究中的 α 信度系数为0.83。

2. 内隐联想测验

本节采用Inquisit 2.0软件编制了单类内隐联想测验(SC-IAT)。其中概念词为能够代表"谦虚心"概念的词,属性词为用以评价人的"积极"和"消极"属性的形容词。程序模式见表6.13。

表6.13 大学生内隐谦虚态度的SC-IAT程序模式

步骤	实验次数	功能	"D"键	"K"键
1	24	练习	谦虚心+积极词	消极词
2	48	测试	谦虚心+积极词	消极词
3	24	练习	积极词	谦虚心+消极词
4	48	测试	积极词	谦虚心+消极词

概念词和属性词的获取:采用开放式问卷,由被试进行不限时的作答,要求学生根据自己的理解列出至少6个能够代表"谦虚心"概念的词语、至少6个代表谦虚心的积极词和至少6个代表谦虚心的消极词。共对52名在校大学生进行调查,并对所收集的词语进行内容分析与频数统计。首先采用"同义者合并"的方法减少项目,即少量者并入多量者,但近义者不予合并。通过以上方法对被试所列出的词语进行分析、归类、整理,按照频数统计分别得到10个谦虚心的概念词、积极词和消极词的高频词。然后再把这三类词分别编制为三个等级量表,让30名大学生被试对各个词进行5点等级评定。按照评定等级并结合参考崔红等编写的《解读中国人的人格》中形容中国人人格的词[①],依据词的好恶度、意义度、熟悉度、现代性四个标准权衡进行筛选。最后挑选出谦虚心的概念词6个、积极词6个和消极词6个。谦虚心的概念词有:谦虚、谦逊、谦卑、虚心、谦恭、谦让。代表形容谦虚心的积极词有:随和的、有涵养的、自信的、进取的、为人设想的、睿智的。代表形容谦虚心的消极词有:虚伪的、可怕的、做作的、狡猾的、口是心非的、阴险的。

练习阶段不记录实验结果,测试阶段记录实验结果。步骤2和步骤4分别做

① 崔红,等.解读中国人的人格[M].北京:社会科学文献出版社,2005:8.

48次实验。为了防止被试反应偏差,相容任务中,代表谦虚心的概念词、形容谦虚心的积极词和消极词按照1:1:2的频率出现,使得反应按键的比率各为50%;不相容任务中,积极词、代表"谦虚心品质"的词和消极词按照2:1:1的频率出现,使得反应按键的比率各为50%。

被试在归类任务中会给予及时反馈。被试判断正确会在屏幕中央出现绿色"√",持续时间为200 ms;被试判断错误会在屏幕中央出现红色"×",持续时间为200 ms。

内隐谦虚心指标的计算:采用卡尔平斯基(Karpinski)等2006年在研究中所使用的SC-IAT分数的计算方法[①]。删除反应时高于10000 ms和低于350 ms的被试数据,同时对错误反应的反应时进行修改,把错误反应的反应时用它所在步骤的反应时的平均值加上400 ms予以替代。将启动刺激问卷空白的被试数据删除。内隐联想测验用D值表示内隐效应的大小,即计算其相容任务和不相容任务的平均反应时之差,再除以所有正确反应(不包括原先错误反应)的反应时的标准差,所得数值即为D值。D值反映了相容任务和不相容任务反应时差异的大小,D值越大说明不相容任务反应时比相容任务反应时大得越多,即内隐效应越大。本节研究中,界定步骤2为相容任务,步骤4为不相容任务。用步骤4的平均反应时减去步骤2的平均反应时,再除以所有正确反应的反应时的标准差,所得到的D分数越大,就说明被试在内隐层面对谦虚心表现越好。

3. 启动刺激材料

采用调查问卷的形式来进行情境启动,问卷分为积极启动问卷与消极启动问卷。积极启动问卷问题为:① 你最近遇到的最开心的一件事情是什么? ② 请你写出关于谦虚的近义词。③ 请你写出关于谦虚心的名言。④ 你有没有因为谦虚而受到表扬,是什么事情? ⑤ 你觉得如何才能保持一颗谦虚的心? 消极启动问卷问题为:① 你最近遇到的最难过的一件事情是什么? ② 请你写出关于谦虚心的反义词。③ 请你写出过分谦虚带来的坏处。④ 请你写出证明谦虚心已经过时的例子。⑤ 你有没有因为谦虚而吃亏,是什么事情?

(三) 实施程序

采用3(启动条件)×2(内隐与外显测验)×2(男、女)混合实验设计。启动条件和性别为被试间设计,测验方式为被试内设计。启动材料的作答要求被试尽量认真、详细,时间统一控制在10分钟之内。控制测验的实施顺序,在每种启动条件

---

① Karpinski A, Steinman R B. The single category implicit association test as a measure of implicit social cognition[J]. Journal of Personality and Social Psychology, 2006, 91(1):16-32.

下,一半被试的测试顺序是"启动问卷—外显测验—内隐测验",另一半被试的测试顺序为"启动问卷—内隐测验—外显测验"。控制组中,一半被试的测试顺序是"外显测验—内隐测验",另一半被试的测试顺序为"内隐测验—外显测验"。

结果采用 SPSS 17.0 对数据进行统计分析。共有6名被试实验数据被删除,剩余有效被试97名。其中积极启动条件33人(男生15人,女生18人),消极启动条件33人(男生17人,女生16人),控制组31人(男生9人,女生22人)。

三、研究结果

(一)外显谦虚心测验结果

大学生谦虚心问卷的中点值为50,被试谦虚心的平均得分为71.979(标准差为7.921),高于量表中点值两个标准差以上,说明被试显示出非常积极的外显谦虚评价。

对谦虚心问卷总分进行性别与启动条件的多因素方差分析,发现性别主效应不显著[$F(1)=0.235,p=0.629$];启动条件主效应显著[$F(2)=7.374,p=0.001$];事后检验结果显示,积极启动条件下外显谦虚心得分显著高于无启动条件($p=0.003$),积极启动条件下外显谦虚心得分显著高于消极启动条件($p=0.001$),消极启动条件与无启动条件下外显谦虚心得分差异不显著($p=0.755$)。性别与启动条件的交互作用不显著[$F(1,2)=0.491,p=0.614$]。描述性统计结果见表6.14。

表6.14 各启动条件下内隐与外显谦虚心测验的平均数与标准差

		不相容任务	相容任务	外显谦虚量表
积极启动条件	男(15人)	196.067±300.923	583.8±94.051	77.533±8.288
	女(18人)	699.5±120.599	542.278±108.725	74.667±7.38
	合计(33人)	743.394±222.999	561.152±102.911	75.97±7.816
消极启动条件	男(17人)	689.353±121.595	611.824±109.24	69.82±5.929
	女(16人)	732.188±165.808	630.75±74.567	69.44±4.633
	合计(33人)	710.121±144.056	621±93.088	69.636±5.261
无启动条件	男(9人)	696.111±103.31	630.889±90.585	69.56±11.436
	女(22人)	689.182±142.3	593.364±64.954	70.5±7.957
	合计(31人)	691.194±130.502	604.258±73.765	70.23±8.91
总合计(97人)		715.392±171.125	595.289±93.664	71.979±7.921

注:内隐联想测验的平均数和标准差的单位为ms。

（二）内隐谦虚心测验结果

对内隐测验的不相容任务和相容任务的平均反应时进行配对 t 检验,描述性统计结果见表6.14。发现不相容测试的平均反应时显著高于相容测试($t=8.091$, $p<0.001$)。对各种启动条件下的不相容任务和相容任务的平均反应时分别进行配对 t 检验,发现积极启动条件($t=5.197$, $p<0.001$)、消极启动条件($t=5.854$, $p<0.001$)、控制组($t=4.722$, $p<0.001$)的不相容任务和相容任务的反应时差异均非常显著,所有条件下的不相容任务的反应时均显著高于相容任务下的反应时。

分别以相容任务和不相容任务的数据为因变量,进行启动效应条件与性别两因素的方差分析,结果见表6.14。对于不相容任务,性别效应不显著[$F(1)=0.313$, $p=0.577$],启动条件主效应不显著[$F(2)=0.801$, $p=0.452$];对于相容任务,性别主效应不显著[$F(1)=1.091$, $p=0.299$],启动条件主效应显著[$F(2)=3.803$, $p=0.026$],进行事后检验发现,积极启动条件反应时低于无启动条件的反应时($p=0.048$),积极启动条件反应时低于消极启动条件反应时($p=0.009$),无启动条件与消极启动条件下被试的反应时差异不显著($p=0.464$);不相容任务与相容任务中性别与启动条件交互作用均不显著[F不相容任务$(1,2)=1.388$, $p=0.255$; F相容任务$(1,2)=1.099$, $p=0.338$]。由此可以推断,对于内隐谦虚心而言,积极启动条件的提升作用要大于消极启动条件的降低作用。积极的启动条件使得相容任务反应时大幅度减少,而使不相容任务反应时增加却是有限的;消极的启动条件使得相容任务的反应时减少和不相容任务的反应时增加也都是有限的。

对内隐谦虚心效应 D 值进行性别与启动条件的多因素方差分析,结果见表6.15。发现性别主效应不显著[$F(1)=0.013$, $p=0.995$];启动条件主效应显著[$F(2)=5.181$, $p=0.007$]。经事后多重比较发现,积极启动组的内隐效应显著高于控制组($p=0.008$);积极启动组的内隐效应显著高于消极启动组($p=0.009$);消极启动组的内隐效应与控制组的差异不显著($p=0.951$)。性别与启动条件的交互作用不显著[$F(1,2)=0.882$, $p=0.418$]。

表6.15　性别和各启动条件内隐效应 D 值的平均数与标准差($M\pm SD$)

	积极启动条件	消极启动条件	无启动条件	合计
男	1.386±1.904	0.506±0.353	0.426±0.432	0.81±1.246
女	1.026±0.454	0.662±0.741	0.625±0.746	0.765±0.678
合计	1.19±1.315	0.582±0.571	0.567±0.669	0.784±0.954

（三）外显与内隐测验的相关性分析

通过对不同启动条件下的外显与内隐测验的相关性分析发现,在三种启动条件下,外显谦虚心测验与内隐谦虚心测验只存在较弱的相关性,并没有因为启动条件的不同而产生显著的差异性,结果见表6.16。

表6.16　各种启动条件下外显与内隐测验的相关性

	1	2	3	4	5	6	7	8
1.积极启动外显测验	1							
2.消极启动外显测验	0.21	1						
3.无启动外显测验	0.007	0.233	1					
4.外显测验	0.222	−0.04	−0.246	1				
5.积极启动内隐测验	−0.235	−0.102	−0.204	−0.092	1			
6.消极启动内隐测验	−0.441	0.027	−0.003	0.13	−0.008	1		
7.无启动内隐测验	−0.223	−0.127	0.019	0.01	−0.022	−0.049	1	
8.内隐测验	−0.179	−0.411	−0.157	−0.042	−0.041	0.044	0.074	1

四、讨　论

（一）外显和内隐谦虚心的普遍性

从外显谦虚心的测量结果可知,外显谦虚心量表上的得分的平均值远远高于该量表的中点值,差距达到两个标准差以上。这一结果显示被试对外显谦虚心保持着非常积极的态度,即被试的外显谦虚心平均水平较高,对自己的整体评价比较积极。这说明谦虚心作为中华民族的传统美德得以继承和发扬。另外被试外显谦虚心倾向非常明显的原因可能是在测验过程前要求被试在问卷上填写个人信息,这大大增加了社会称许对被试测验结果的影响,即被试因在意在他人面前的表现,希望给他人留下自己谦虚好学、低调做人的好印象,所以会倾向于以社会赞许的方式回答问题,从而提高了他们的测验得分,这也说明谦虚心是一种积极的社会心理品质。根据实验结果,并没有发现外显谦虚心显著的性别差异。这说明无论男女对谦虚心都表现出积极的评价。

从内隐联想测验结果来看,无论是积极启动、消极启动,还是控制组的条件,相容任务的反应时均明显快于不相容任务的反应时,其内隐积极效应十分明显,表明被试的内隐层面对自己的评价也是非常积极的。内隐谦虚心测验结果也没有发现性别差异,这说明谦虚心作为中华民族的传统美德在人们心中已经根深蒂固,是中国人的一种集体潜意识,从而证实了谦虚心在内隐层面具有普遍性。格林沃尔德等研究得出内隐认知一致性理论[1],也支持上述结果。

(二)外显与内隐谦虚心的相互分离

相关分析结果显示,外显谦虚心与内隐谦虚心的测验分数相关较低且未达到显著水平,说明外显谦虚心与内隐谦虚心彼此分离,外显谦虚心与内隐谦虚心是两个不同的建构。这一结果与大量的有关社会认知的内隐测验与外显测验关系研究相一致,国外相当一部分实验研究显示内隐测验与外显测验之间的相关不显著或较低的相关[2];对此结果,研究者提出了不同的解释:威尔逊提出的双重态度理论认为,人们对个体或他人可能存在两种态度,一种是内隐的、自动化的,一种是外显的、受意识支配的,二者共存于记忆系统中。人们所具备的外显性与内隐性的谦虚心态度都是相互独立存在的,外显谦虚心与内隐谦虚心测验结果的分离表明了谦虚心实际结构的分离。[3]有学者认为自陈量表与内隐测验结果之所以缺乏一致性,是因为二者的内容不同,那些与内隐测验所用材料相同的外显测验表现出与内隐测验更好的相关,故影响外显测验的因素(如自我表现、评价忧虑等)可能导致了相关不高。[4]格林沃尔德等人认为出现此结果可能存在两种原因,其一,认为内隐测验所研究社会认知问题在社会环境中同质性比较高,取样较窄,故无法求得高相关;其二,认为外显测验存在社会赞许、被试反应偏差等不足以将二者分离。[5]有学者对社会赞许因素加以控制,并对外显与内隐测验的项目层次进行了匹配,结果发现,内隐与外显测验的相关仍然较低。[6]这说明内隐测验与外显测验所测到的可能

① Greenwald A G,Farnham S D.Using the implicit association test to measure self-esteem and self-concept[J].Journal of Personality and Social Psychology,2000(79):1022-1038.

② Egloff B, Schmukle S C.Predictive validity of an implicit association test for assessing anxiety[J].Journal of Personality and Social Psychology,2002,83(6):1441.

③ Wilson T D,Lindsey S,Schooler T Y.A model of dual attitudes[J].Psychological Review,2000,107(1):101-126.

④ Nosek B,Banaji M.Two factors moderate the relationship between im plicit and explicit attitude[M].Warszawa：WIPPAN & SWPS,2002:49-56.

⑤ Greenwald A G,Farnham S D.Using the implicit association test to measure self-esteem and self-concept[J].Journal of Personality and Social Psychology,2000(79):1022-1038.

⑥ Karpinski A,Hilton J.Attitudes and the implicit association test[J].Journal of Personality and Social Psychology,2001(81):774-788.

是两个独立的建构。

(三) 外显谦虚心的情境性与内隐谦虚心的稳定性

从各种启动条件下外显谦虚心的结果可以看出,积极启动条件下,外显谦虚心得分显著高于无启动条件和消极启动条件;消极启动条件,外显谦虚心得分与无条件启动条件不存在差别。由此可以推断,相对于无启动条件下,积极的启动条件下外显谦虚心得分会提高,而消极的启动条件下外显谦虚心得分变化不大,说明外显谦虚心具有情境敏感性。

各种启动条件下内隐谦虚心的实验结果显示,启动条件主效应不显著。这说明内隐态度是过去经验的痕迹长期沉积,并表现出高度自动化、习惯化的结果,具有比外显更高的稳定性。进一步分析,积极启动条件反应时低于无启动条件的反应时,积极启动条件反应时低于消极启动条件反应时,无启动条件与消极启动条件下被试的反应时差异不显著。对内隐效应D值方差分析也发现,积极启动条件下的内隐效应显著高于无启动和消极启动条件下;消极启动条件下的内隐效应与无启动条件下的内隐效应的差异不显著。由此可以推断,对于内隐谦虚心而言,积极启动条件的提升作用要大于消极启动条件的降低作用。积极启动条件使得相容任务反应时大幅度减少,而使得不相容任务反应时增加是有限的;消极启动条件使得相容任务的反应时减少和不相容任务的反应时增加都是有限的,但是启动条件主效应不显著。总体来说,内隐实验结果证实了内隐谦虚心具有稳定性。

从上述分析可以看出,在积极启动条件下外显谦虚心的表现增加,这充分说明了个体在具有谦虚的情境下,外显谦虚心会表现得更加积极,说明个体在谦虚心的外显层面均具有一定的情境性,也就是说个体身处谦虚的环境中其表现的会更加谦虚。泽特勒(Zettler)等的研究也证明了谦虚心具有一定情境性。[①]而在谦虚的内隐层面,启动条件主效应差异不显著,即对于内隐谦虚心来说不存在情境启动效应,说明在内隐层面谦虚心具有稳定性。燕国材的研究也发现谦虚心具有一定的稳定性。[②]

---

① Zettler I, Benjamin E H, Heydasch T. Two sides of one coin: honesty-humility and situational factors mutually shape social dilemma decision making [J]. Journal of Research in Personality, 2013(47):286-295.

② 燕国材.论谦虚心与学习[J].上海:上海教育科研,2010(10):52-54.

五、研究结论

　　大学生对谦虚心的外显和内隐态度均不存在性别差异,这说明谦虚心作为中华民族的传统美德在人们心中已经根深蒂固,是中国人的一种集体潜意识,从而证实了谦虚心在内隐层面具有普遍性。大学生对谦虚心的内隐和外显态度是相互分离的,说明内隐测验与外显测验所测到的可能是两个独立的建构。另外,大学生对谦虚心的外显态度具有情境敏感性,而内隐态度具有稳定性。说明大学生外在的谦虚表现受情境因素的影响较大,而内在的谦虚心是根深蒂固的。

第七章 | 中国人谦虚心的日常表现与培育

第一节　中国人谦虚心的日常表现

一、中国人表现谦虚的基础和条件

（一）个体要有所成就是谦虚表现的基础

在人际交往过程中，个体是否表现谦虚的基础是个体是否取得了一定的成绩或成就，即谦虚的基础是个体首先要取得一定的成就。个体取得的成绩或成就是谦虚的资本，反之，个体没有取得成绩或成就而表现谦虚就是虚伪的表现。《周易》六十四卦第十四卦是"大有"，"大有"是一个大吉之卦，描述了事物发展到极盛的状态，但按照事物发展规律，月盈必亏，盛极必衰。所以就个体而言，取得成就之后，要能谦虚自养，切莫因此而骄奢放逸，应该主动自我反省，调整自己的心态，要保持谦虚的心态，下调过高的自我欲求，等等。因此紧接在"大有"卦之后为"谦卦"，这是古圣贤人告诫后人如何持盈保泰的进阶思考，而不是像世俗那样"富不过三世"而没落。

美国学者做过很多实例样本调查实验，第一个实验选取一部分文化水平高的人、一部分文化程度略低的人，分别通过一些题目让他们对自己进行评价，结果出人意料，文化水平高的人对自己的评价往往低于平均水平，而文化水平低的人对自己的评价往往高于平均水平。另外一个实验选取某一个行业的专业从业人员，再从其他行业选取一些没有这方面知识储备的人，用一些跟这个专业相关但很难的题目对这些人进行测试,然后让他们自我估计自己的得分,结果也匪夷所思,专业人员预估的分数往往比他们实际得到的分数要低,而非专业人士预估的分数却往往比他们实际得到的分数高。通过两个实验我们得以明确个体有了成就或知识,才会表现出谦虚。个体只有不断学习并取得一定成就,才能始终保持谦虚的品格,而不是因为谦虚我们才能不断学习。

徐悲鸿改鸭子

据说有一次徐悲鸿正在画展上评议作品,一位乡下老农上前对他说:"先生,您这幅画里的鸭子画错了。您画的是麻鸭,雌麻鸭尾巴哪有那么长的?"原来徐悲鸿展出的《写东坡春江水暖诗意》中麻鸭的尾羽长且卷曲如环。老农告诉徐悲鸿,雄麻鸭羽毛鲜艳,有的尾巴卷曲;雌麻鸭羽毛为麻褐色,尾巴是很短的。徐悲鸿接受了批评,并向老农表示深深的谢意。

(摘自:潜能开发丛书编写组.挑战卡耐基:千万人生赢家都在读的成功励志故事[M].北京:企业管理出版社,2014:216.)

(二) 人际环境是谦虚表现的条件

在人际交往过程中,个体是否表现出谦虚行为的基本条件是其所处的人际环境,也就是个体所在的交往环境、氛围决定其是否适合表现谦虚行为。参照汪凤炎教授的中国人自我边界示意图[①],我们来看一下中国人的交往圈子,犹如一组同心圆一般(如图7.1)。圆心是自己。个体对自己要做到自知,也就是知道自己的水平和能力,要保持自谦。圆心外第一圆圈是家庭成员,主要是以个体血缘关系维持的。在这个圆圈里,对待长辈应该保持谦恭、谦敬,对待同辈应该保持谦和、谦让,对待晚辈应该保持谦逊,这样才可以保持家庭的和谐。圆心外第二圆圈是熟人圈子。这个圆圈里的全体是个体人际交往的主要对象,包括同学、朋友、同事、邻居等日常生活中的人际交往对象,它不像家庭成员圈子是天然形成和维系的,而是要通过个体用心来建立和维持的一种人际关系,所以在与这个圆圈里的个体进行交往时,个体应该始终保证谦虚的态度。最外面的圆圈是陌生人。这个圆圈里群体不如前面两个与个体的关系那么紧密,但是与陌生人进行交往时,有时也应该保持谦虚的态度,以此赢得对方好感,为以后继续交往打下基础。比如刚到一个单位的同事、刚刚搬来的邻居等。但若与其交往只有一次,那么就不必刻意去保持谦虚了。

① 汪凤炎.中国文化心理学新论:上册[M].上海:上海教育出版社,2019.

比如大街上遇到问路的人时就没必要保持谦虚。

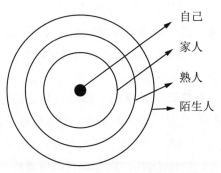

图7.1　中国人的人际交往圈子示意图

在此还要强调一些特殊人际环境,如个体参加面试、述职、竞赛、竞选、演说等日常活动,在这些活动过程中不能过度的谦虚,否则可能会导致失败。如小A是某名牌大学工业自动化专业的优秀毕业生,去一家中美合资企业应聘面试部门经理助理一职,面试考官问他:"你觉得自己能否胜任你应聘的职位?"小A谦虚地回答道:"现在我还谈不上能胜任,但我以后多多向领导、同事请教,在实践中边干边学,积累经验。"于是考官又带他到车间实地参观,面试考官问他感觉怎么样,小A回答道:"我以前从来没有见过这么先进的设备,如果我能应聘上,一定好好学习,钻研这些先进设备和技术,希望公司能给我一个学习的机会。"之后考官对他说:"我们招聘的是能胜任本职位工作的人才,要能立即派上用场,而不是招收培训生。"小A从考官的话语中领悟到含义,悔之晚矣。就因为小A的这些谦虚话,他应聘失败。实际上,小A是名牌大学的高材生,专业知识和技术功底扎实,在实习时也接触过类似的先进设备,完全有能力胜任那家美资企业动力部门经理助理一职。只不过小A受"做人要谦虚"这一观念的影响较深,试图以谦虚博得考官的好感,没想到弄巧成拙。从这一应聘面试失败的案例可以看出,求职者应聘面试不能过于谦虚,而应实事求是,有多少才能、能否胜任应聘的职位以及其他工作都应如实地表达出来。

（三）谦虚不等于自卑

有些时候人们很容易把谦虚和自卑混为一谈,其实这两者有很大的差别。谦虚是个体为人处世的低调,是居功而不自傲,是有才华而不炫耀,个体虽满腹经纶、学识渊博,但不引以为傲。谦虚是一种美德,也是个体的一种积极心理品质。而自卑则是指在和别人比较时,个体对自己的不正确认识而低估自己所产生的情绪体验,它是一种混乱或扭曲的自我认识和评价。自卑是对自己没有信心,对自己的学

问没有一个正确的判断力,甚至产生怀疑,严重自卑感是心理上的一种缺陷。个体的表现是谦虚还是自卑可以从下列四个方面来判断:

其一,个体是否认可自己。谦虚的个体认可自己,只是自己过于谦虚,不好意思说出来罢了。而自卑的个体却不认可自己。自卑的个体不够了解自己,觉得自己什么都做不好,所以就不认可自己。

其二,个体是不敢还是低调。谦虚的个体遇到事情是保持低调、虚心不自满、不自高自大等,他们不是不敢只是做事比较低调,不愿意锋芒过盛,只希望默默地做事情。而自卑的个体通常遇到一件事情是不敢做,总怕自己做不好,怕自己的能力不足,让更多的人看他们的笑话,所以做什么事都畏首畏尾的。

其三,个体敢不敢尝试。谦虚的个体,他们无论面对什么事都敢于去尝试,尝试新鲜的事物会激发他们产生更多的自信心。但是自卑的个体,面对事情不敢去尝试,是因为他们害怕自己的能力不足、展现得不够完美,所以只做自己有把握的事情。

其四,是欣赏他人还是崇拜他人。这一点是二者最明显的区别,谦虚的个体面对比自己厉害的人是抱着一种欣赏的态度,希望通过观察他人让自己有所提升。而自卑的个体总是拿崇拜的目光去看别人,因为他总觉得别人都比自己优秀,自己不堪一击。

(四) 谦虚不是虚伪

日常生活中,我们常常会听人说"过度的谦虚就是虚伪"。谦虚与虚伪的表现形式往往一致,但我们可以肯定的是,谦虚和虚伪绝对有区分。《汉语大词典》中将虚伪解释为"不真实,虚假"[①]。虚伪是表里不一、口是心非,即违心的恭维。比如本来就看不惯某个人,觉得他是个平庸之人、无能之人,但嘴上却是夸其水平高、能力强之类的话;对于某件事,本来心里很不乐意、很不情愿,却又装出很高兴、很愉快的样子。那么到底谦虚与虚伪的界限是什么呢?

在伦理道德的范畴中,谦虚一向被认为是人类的美德,应该被继承与发扬;而虚伪则一向被认为是恶习,应该被摒弃。然而,探究二者的实际,有时并非泾渭分明。谦虚一过头,就会成为虚伪,而且每一个人都有可能会有这样的体会。我们当然应该提倡真诚的谦虚,避免虚伪。

那么怎样掌握谦虚的分寸而不至于变为虚伪呢? 国学大师季羡林认为真诚是第一个标准。[②]个体如果是真诚地保持谦虚,会促使其永远学习、永远进步。而有

---

① 汉语大词典编辑委员会撰.汉语大词典:八卷[M].上海:汉语大词典出版社.2008:829.

② 季羡林.谦虚与虚伪[J].南北桥(国学),2010(7):53.

的个体永远自我感觉良好,自以为是、自高自大,这种人往往不能进步。总之,谦虚是美德,但必须掌握分寸,注意地域上的差别。在东方,谦虚涵盖的范围广,不能施之于西方,此不可不注意。然而,不管在东方或西方,必须保持真诚,有意的、过分的谦虚就等于虚伪。

二、中国人谦虚心的日常表现形式

前面的章节已经论述,中国人谦虚心的内涵根源于谦之字源,及其谦德的形成过程。纵观中国人谦虚心的日常表现,可将其归纳为谦卑、谦恭、谦让、谦和、谦辞五个方面,其中谦卑的内涵侧重于个体对己之要求;谦恭、谦让、谦和的含义侧重于个体的人际关系,并且谦恭是从内心角度而言,而谦让和谦和则强调从内在的恭敬态度表现于外之行为;谦辞的内涵侧重于个体的言语层面,谦辞表示谦虚或谦恭的言辞。

(一) 谦卑

《现代汉语词典》[①]和《汉语大词典》[②]均将谦卑解释为谦虚,不自高自大。《辞海》将谦卑解释为虚心,不自满之意。在日常生活中,中国人谦卑的为人处世方式常在以下情境出现,并且以一定的言行表现出来。

一是中国人向来视谦卑为一种美德,并以实际行动践行这一美德。中国人认为做人应该保持谦虚谨慎的态度,做事应该保持低调,不能过度显露自己的才华、能力、成就,即使在表现自己的才华、能力和成就时,也要把这些降为最低。另外在中国人与人交往的过程中,对自己和对他人的称谓也能看出其是否遵循谦卑这一美德。通常中国人在称呼自己、家人、自己相关事物时一般用谦辞,如鄙人、愚兄、家父、敝室等;在称呼他人、他人家人、他人相关事物时大多使用尊称,如兄台、贤弟、令堂、贵府等;在对自己和对他人的成就或成绩进行评价时也遵循谦卑之德。中国人对自己进行评价时一般要贬低、低估评价自己,如拙见、抛砖引玉等,而对他人进行评价时一般要抬高、恭敬他人,如高见、高屋建瓴等。以上这些都被中国人视为是符合道德规范的。

二是中国人崇尚"礼"文化,而谦卑是"礼"文化的核心内容之一。谦卑美德与

---

① 中国社会科学院语言研究所词典编辑室.现代汉语词典[M].7版.北京:商务印书馆,2016:1039.

② 汉语大词典编辑委员会.汉语大词典:十一卷[M].上海:汉语大词典出版社.2008:387.

中国人的尚礼文化是一致的。受中国传统"礼"文化的影响,中国人在人际交往过程中向来表现谦人卑己。在中国传统社会中,秩序化、条理化的生活方式和行为规范形成了礼仪文化,礼的核心内容就是亲亲、尊尊、卑卑、男女有别等。《礼记·曲礼》中有:"夫礼者,所以定亲疏,决嫌疑,别同异,明是非也。"①而礼仪文化在具体生活实践过程中,在祭祀的规格高低、祭品多少贵贱等方面均体现了尊卑等级。《礼记·乐记》曰:"天尊地卑,君臣定矣。卑高已陈,贵贱位矣。"②所以中国人非常注重谦卑这一"礼"文化,"是故君子恭俭以求役仁,信让以求役礼。不自尚其事,不自尊其身,俭于位而寡于欲,让于贤,卑己而尊人,小心而畏义,求以事君。得之自是,不得自是,以听天命。"③拥有谦卑美德的个体往往受到他人尊敬,"是故君子不自大其事,不自尚其功,以求处情;过行弗率,以求处厚;彰人之善而美人之功,以求下贤。是故君子虽自卑,而民敬尊之"④。

三是谦卑是一种积极的品质,是中国人人格的重要组成部分。在中国传统文化中,谦卑一直被视为一种积极的品质,被中国人视为做人的准则之一,也作为君子人格的标准之一。古之圣贤典籍有大量的有关谦卑个体塑造君子爱人格的言论。如《尚书·大禹谟》:"满招损,谦受益,时乃天道。"⑤孟子曰:"人之患在好为人师。"⑥子曰:"三人行,必有我师焉!"⑦"可以仕则仕,可以止则止,可以久则久,可以速则速,孔子也。皆古圣人也,吾未能有行焉。乃所愿,则学孔子也。"⑧等,这些无不反映中国人谦卑做人、谦卑做事、谦卑学习等方面的品质。

(二) 谦恭

《现代汉语词典》中将谦恭解释为谦虚而又礼貌⑨。《汉语大词典》将谦恭解释为谦虚恭敬⑩。《说文解字注》中认为"谦,敬也。敬肃也。谦与敬义相成。从言兼声"。谦恭即谦虚、恭敬而有礼貌,多用于形容人的作风、修养、品行。谦恭不是个体的一种姿态,而是个体内在品德和修养的高度表现。谦恭的个体不会因为成就出众而骄傲自大,也不会因为个体地位显赫而处优独尊。相反,谦恭的个体成就愈大愈能虚心谨慎,地位愈高愈能以礼待人。谦恭的个体通常懂得如何尊敬他人,包容他人。谦恭并不表示个体低人一等,也不会因为谦恭丢面子,恰恰相反,待人谦恭,是

①②③④ 陈注.礼记[M].上海:上海古籍出版社,1987:1,209,293,294.

⑤ 王世舜,王翠叶.中华经典名著全本全注全译丛书:尚书[M].北京:中华书局,2012:365.

⑥ 方勇.孟子[M].北京:中华书局,2010:127.

⑦⑧ 杨伯峻.论语译注[M].2版.北京:中华书局,1980:66,72.

⑨ 中国社会科学院语言研究所词典编辑室.现代汉语词典[M].7版.北京:商务印书馆,2016:1039.

⑩ 汉语大词典编辑委员会.汉语大词典:十一卷[M].上海:汉语大词典出版社,2008:389.

个体礼貌的表现,更容易让他人接纳你,也更易得到他人的信任。因为谦恭,他人不会感受到你有威胁,也会减少对你的防范之心,故此才会得到他人的信任和认同。而且,越是对他人谦恭的个体就越受到他人的尊重。中国人在日常待人接物时,经常表现出谦恭,这些在古代典籍的言论中屡见不鲜。谦敬和谦恭的含义都体现了个体对对方的尊重之义。具体表现在以下几个方面:

其一,对待自己的父母应保持谦恭。孝敬父母不仅仅是养,更要注重敬,如《论语·为政》:"子游问孝。子曰:'今之孝者,是谓能养。至于犬马,皆能有养。不敬,何以别乎?'"①谦恭是合乎传统礼文化的要求,中国人待人接物时通常保持小心谨慎,尽量少犯过错。如"恭近礼,俭近仁,信近情。敬让以行,此虽有过,其不甚矣。夫恭寡过,情可信,俭易容也。以此失之者,不亦鲜乎!《诗》云:'温温恭人,惟德之基。'"②

其二,对待比自己的地位、德性、能力等方面高的人要保持谦虚敬畏。中国人在对待上级、老师、圣贤等在某些方面高于自己的人时,大多保持谦虚恭敬。中国人认为只有这样做才能显得对其尊重敬畏,才能得到高人的指点和教诲等。如"程门立雪"的典故就反映了谦恭的深意。

程门立雪

宋代有一个叫杨时的人,去拜访一位叫程颐的大学问家,因为他有些问题想要问,但是他在窗户外边看见老师在屋子里边坐着睡着了,不忍心打扰他的老师,便站在门外边,静静地等着他的老师醒过来。天上下起了大雪,而且越下越大,杨时没有走,在雪中站立着,过了一会雪已经有一尺厚了,这时候他的老师醒了过来,他才走进了屋内,程颐说那个时候他看见了一个雪人。后来杨时也成了名扬天下的大学者,这件事也成为尊重老师的典范,在学界成为佳话。

(摘自:岳洋.宋代名人传[M].济南:山东教育出版社,2012:389.)

其三,对待比自己的地位、德性、能力等方面低下的人亦要保持谦恭。通常情况下,即使其地位、德性、能力等方面不如自己,中国人也始终保持谦恭的态度。《论语·公冶长》:"敏而好学,不耻下问。"③孔子是这样说的也是这样做的。如孔子曾经拜七岁儿童项橐为师。

---

① 杨伯峻.论语译注[M].2版.北京:中华书局,1980:21.
② 陈注.礼记[M].上海:上海古籍出版社,1987:293.
③ 杨伯峻.论语译注[M].2版.北京:中华书局,1980:47.

孔子拜七岁儿童为师

相传，一次孔子率弟子们东游，待车马行至齐地纪障城的时候，被路中间一群正在玩耍的小孩堵住了去路，子路见状，停车呵斥道："小孩子怎么不让车呢？碰到你们怎么办？"其他孩子纷纷躲到路旁，只有项橐立于路中不动。项橐说："城池在此，车马安能通过？"孔子探身道："城在何处？"项橐说："筑于足下。"孔子下车观看，果然看见路中间摆着一些石子、瓦片。孔子问："石子于路何也？"项橐答："筑城耳。"孔子又问："城之何用？"项橐曰："以假乱真，戏耳。"孔子曰："既然戏之，车至何不躲也？"项橐曰："城高门关，焉能过乎？"孔子说："我过又待如何？"项橐答曰："城躲车马，车马躲城？"孔子见辩不过这个小孩，只好无奈地谓徒子曰："绕城而走。"

车子绕过项橐的"城池"后，孔子越想越觉"挡道"的这个孩子非同寻常。于是又下车返身走到"城"下，望着叉着个腰，仍立在"城"内的项橐，笑问："请问你叫什么名字？多大年龄？"项橐答道："我叫项橐，年方七岁。请教您是哪一位？"孔子答道："我是鲁国孔丘。"

项橐惊道："您就是鼎鼎大名的孔夫子，我想请教您三个问题。"项橐见孔子笑着点头，遂脱口问："天地人为三才，夫子可知天有多少星辰？地有多少五谷？人有多少根眉毛？"孔子摇了摇头。项橐得意道："天有一夜星辰，地有一茬五谷，人有黑白两根眉毛。"

项橐又问："请教什么水没有鱼？什么火没有烟？什么树没有叶？什么花没有枝？"没等项橐问完，孔子就禁不住说道："江河湖海，水中都有鱼；柴草灯烛，是火就有烟；没有叶不成树，没有枝哪里有花呢？"项橐听后晃着脑袋说："不对，是井水没鱼，萤火没烟，枯树没叶，雪花没枝。"然后，他又接着问："什么山没有石头？什么车没有轮子？什么牛没有牛犊？什么马没有马驹？什么男人没有妻子？什么女人没有丈夫？"孔子又摇头道："啊呀，我还是不知道。"项橐一脸自豪道："土山无石，轿车无轮，泥牛无犊儿，木马无驹儿，神仙无妻，仙女无夫。"

项橐说罢，又接着问孔子："鹅和鸭为什么能浮在水面上？鸿雁和仙鹤为什么善于鸣叫？松柏为什么冬夏常青？"孔子答道："鹅和鸭能浮在水面上，是因为脚是方的；鸿雁和仙鹤善于鸣叫，是因为它们的脖子长；松柏冬夏常青，是因为它们的树心坚实。""不对！"项橐大声说，"龟鳖能浮在水面上，难道是因为它们的脚方吗？青蛙善于鸣叫，难道是因为它们的脖子长吗？竹子冬夏常青，难道是因为它们的茎心坚实吗？"这时，恰巧有群鹅在池塘哇哇叫着戏水，项橐就又问孔子："鹅的叫声为什么这样大？"孔子说："因为它的脖子长。"项橐说："蛤蟆、蛙子脖子很短，叫声也不小啊！"

项橐一连串的发问令孔子不由得连连慨叹："后生可畏，我当拜你为师！"

（摘自：董玉整.中国古代神童故事100则[M].合肥:安徽少年儿童出版社,1994: 1-4.)

（三）谦让

《现代汉语词典》中将谦让解释为谦虚地不肯担任,不肯接受或不肯占先。[①]《汉语大词典》认为谦让是谦虚退让之意。《辞海》中认为谦有谦让、谦逊之意。[②]谦让即为谦虚礼让,是个体在为人处世时应含有一些柔、顺,因为只有这样才能够在社会群体中与他人和谐相处,也能使自己安居无事。人首先是自然之人,有自己的思想、见解和欲望;人亦是社会之人,个体必在群体中与他人交往相处。如果每个人都只顾自己的思想、见解和欲望一味向外伸张,而不考虑他人的感受,不能够做到谦虚礼让,那么整个群体将是一堆棱角分明的个体,这样必定会呈现纷乱不宁、相互击损的局面,不利于建立和维护和谐的人际关系。如若个体在待人接物时多些柔、顺,为人处世多谦虚礼让,则能够保持人际关系和谐发展。纵观古之圣贤言论,大多推崇谦让。如《尚书·尧典》载:"帝尧曰放勋,钦明文思安安。允恭克让,光被四表,格于上下。克明俊德,以亲九族。平章百姓,协和万邦。"[③]尧的德性便是允、恭、克、让,即诚信、恭勤、善能、谦让四种。在这四种俊德中,尧的"谦德"居于核心地位,最为后人称道。谦让是谦虚、平等的表现,也是礼貌的重要内涵。如《汉书·韦玄成传》载:"少好学,修父业,尤谦逊下士。"[④]这个含义侧重于由恭敬态度而引发的逊让之行。孔子认为"让"是传统五德之一,孔子曾以五德问政,如:"子贡曰:'夫子温、良、恭、俭、让以得之。'"[⑤]《礼记·曲礼上》也以让之行表礼,如:"是以君子恭敬撙节退让以明礼。"[⑥]个体用言语表示谦让让他人感到愉悦,如:"故君子衣服中而容貌恭,则目说矣;言理应对逊,则耳说矣。"[⑦]谦让也是个体不与人争的表现,如:"子曰:'君子无所争,必也射乎！揖让而升,下而饮,其争也君子。'"[⑧]

俗话说"忍一时风平浪静,退一步海阔天空",这就是谦让态度。首先,谦让是

① 中国社会科学院语言研究所词典编辑室.现代汉语词典[M].7版.北京:商务印书馆: 2016:1039.

② 汉语大词典编辑委员会.汉语大词典:十一卷[M].上海:汉语大词典出版社,2008:391.

③ 王世舜,王翠叶.中华经典名著全本全注全译丛书:尚书[M].北京:中华书局,2012:3.

④ 班固.汉书详节[M].上海:上海古籍出版社,2007:436.

⑤ 杨伯峻.论语译注[M].2版.北京:中华书局,1980:6.

⑥ 陈注.礼记[M].上海:上海古籍出版社,1987:2.

⑦ 董仲舒.春秋繁露[M].呼和浩特:远方出版社,2005:89.

⑧ 杨伯峻.论语译注[M].2版.北京:中华书局,1980:26.

做人的一种境界。个体越是知识渊博、才华出众、成就非凡,他的眼界往往就越高,对事物的认识就越深刻,越能谦让他人。我们在日常生活中,难免会与他人产生一些矛盾、误会或争论,这很正常,关键是个体应学会克制,保持谦虚、礼让。其次,谦让是一种以退为进的策略。个体表现谦让,并非表明其不行或无理,而是个体的一种气度和情操,更能折射出个体高尚的境界。相反,个体为了自己的利益,对他人恶语相加,甚至拳脚相向,恰恰暴露出自己品德修养的缺失。故此,人与人之间的谦让是互相的,你敬我一尺,我敬你一丈,得饶人处且饶人。只有相互谦让和宽容,大家才能和睦相处。"孔融让梨"和清朝宰相张英"六尺巷"的故事也充分证明在中国人为人处世时非常推崇谦让之行。

六尺巷的故事

"六尺巷"的故事源于张家与邻里之间的土地纠纷。

图7.2　六尺巷

清康熙年间,张英担任文华殿大学士兼礼部尚书。他老家桐城的官邸与吴家为邻,两家院落之间有条巷子,供双方出入使用。后来吴家要建新房,想占这条路,张家人不同意。双方争执不下,将官司打到当地县衙。县官考虑到两家人都是名门望族,不敢轻易了断。

这时,张家人一气之下写封加急信送给张英,要求他出面解决。张英看了信后,认为应该谦让邻里,他在给家里的回信中写了四句话:"千里家书只为墙,让他三尺又何妨?万里长城今犹在,不见当年秦始皇。"家人阅罢,明白其中含义,主动让出三尺空地。吴家见状,深受感动,也主动让出三尺房基地,"六尺巷"由此得名。(如图7.2)

张英,字敦复,号乐圃,安徽桐城人,清朝官员,六尺巷典故主角。

邻居吴氏,历史未载明其身份,一般多认为是经商的大户人家。

(摘自:张明明.智者不惑[M].北京:经济日报出版社,2013:95-96.)

(四)谦和

《现代汉语词典》将谦和解释为谦虚和蔼之意①,《汉语大词典》将谦和解释为谦虚和平②。谦和指人的态度谦逊温和,不傲慢,使人容易接近,常用来形容人的性格、作风。谦和是谦虚、谦让、心态平和,是甘为人后的平和大气,是甘于为人喝彩的宽广胸怀,更是愿意认可他人的睿智大度。谦和的个体既自重又重人,谦和的个体既能容人又能容于世。谦和是中国人的为人之道,也是中国人的处世之道。保持谦和的个体,通常具有温和谦让、通情达理、推己及人、尊老爱幼、遵规守纪和淡泊名利等优良品德。中国人在人际交往过程中向来非常推崇谦和,对保持谦和的个体也都给予赞许和接纳。

俗话说得好,"满罐水不响,半罐水响叮当"。纵观在人际交往上成功的个体,往往都是保持谦和、低调的态度。正是这种谦和低调,使得个体能够轻易地博得他人的好感和信任,从而在人际交往方面游刃有余。个体如若处处显示谦虚平和、克己让人,这样既能够秉持平和的心态和谦虚之德,也能妥善地对待世间的人和事。既能尊重他人,自己也赢得了尊重,既能处高,也能处低。中国人通常通过以下几个方面来树立谦逊平和的姿态:

其一,会以他人之长来比自己之短,从而尊敬他人,向他人学习,在更大程度上认识自己。

其二,常将自己取得的成绩和荣誉让与他人,克制自己去追逐虚名浮利。谦和的个体在成功、荣誉面前退避三舍,把功劳归于他人,对名利、金钱、奖励等漠然置之。

其三,中国人常视谦和为一种非常高尚的情操,有利于个体对自己做出公道而且善意的评价。个体对自己都会有一定的认识,并在这个认识的基础上产生一种自我评价。

① 中国社会科学院语言研究所词典编辑室.现代汉语词典[M].7版.北京:商务印书馆,2016:1039.

② 汉语大词典编辑委员会.汉语大词典:十一卷[M].上海:汉语大词典出版社,2008:388.

郑玄爱才赠注

郑玄欲注《春秋传》，尚未成；时行，与服子慎遇，宿客舍，先未相识。服在外车上与人说己注《传》意；玄听之良久，多与己同。玄就车与语曰："吾久欲注，尚未了；听君向言，多与吾同。今当尽以所注与君。"遂为《服氏注》。

（摘自：刘义庆.世说新语[M].长沙：岳麓书社,2015:35.）

译文：郑玄（东汉著名学者）想要注释《春秋传》，还没有完成。有一次外出和服虔相遇，同住一个旅店，当时彼此还不认识，服虔在旅店外面车上和别人说自己注《春秋传》的想法，郑玄在车外听了好久，大多和自己的想法相同。于是郑玄就登上车对服虔说："我想注《春秋传》很久了，但还没有写完，听了您刚才的话，觉得和我的意思一致，现在我将我写的所有注解都送给您。"于是历史上就有了服氏《春秋传》。

（五）谦辞

谦辞是人们日常交际和书信往来中必不可少的表示谦虚的言辞。《现代汉语词典》[①]和《汉语大词典》[②]对谦辞均做两种解释，其一是表示谦虚的言辞，如"过奖""不敢当"等，常用于人们日常交际和书信往来中，大都只能用于自称。《尹文子·大道上》中有："齐有黄公者，好谦卑。有二女，皆国色。以其美也，常谦辞毁之，以为丑恶。丑恶之名远布，年过而一国无聘者。"[③]柳亚子的《为微光出版社题壁》中有："直笔自应存真气，谦辞何意托微光。"其二是谦让；推辞。岳飞的《辞镇南均乘宣使第三奏》中有："臣实何能，辄膺殊赏，既愸过量，复付重权，是诚叨冒以逾勋，非谓谦辞而避宠。"欧阳山的《柳暗花明》中有："陈文雄本来有意要请何守仁屈就副董事长一职，但是何守仁竭力谦辞，不愿沾手，也就算了。"

纵观中国人，特别是在古代中国人的日常交往中使用的谦辞非常多，大致可以分为两大类：第一类为用于对他人称自己、自己家人、自己相关事物的谦称，如对自己的谦称有在下、老朽、晚生、学生、弟子、鄙人、不才等等；对自己家人的谦称有：家父、家母、家姐、家兄、拙荆、内人、舍弟、舍妹、小儿、犬子、小女等等；对自己相关事物的谦称有：陋室、寒舍、拙作、拙笔、拙著、敝处、敝校、薄酒、薄技、薄礼、贱事等等；

①中国社会科学院语言研究所词典编辑室.现代汉语词典[M].7版.北京：商务印书馆：2016:1039.

②汉语大词典编辑委员会.汉语大词典：十一卷[M].上海：汉语大词典出版社.2008:391.

③尹文撰.尹文子[M].北京：中华书局,1991:6.

第二类为个体对他人、他人家人、他人相关事物的敬称。对他人的敬称有：您、爱卿、老兄、兄台、仁兄、大人、足下、贤弟、阁下、台端等等；对他人家人的敬称有：令堂、令尊、令爱、令郎、令兄、令弟、贵子、千金、令亲等等；对他人相关事务敬称有：贵府、华堂、贵姓、贵庚、贵干、大作、大札、华诞、玉照、芳名、芳龄、高寿、高论、高见等等。

中国文化中与谦辞相关的成语也非常之多，大致可以分为两类。其一为表示自己谦虚的成语，如抛砖引玉、敝帚自珍、无功受禄、才疏学浅、德薄才疏、望尘莫及、不足挂齿、雕虫小技、东涂西抹、避让贤路等等。其二为恭敬他人的成语，如蓬荜生辉、高抬贵手、不吝赐教、鼎力相助、洗耳恭听、高朋满座、大材小用、虚左以待、率先垂范、虚怀若谷等等。

第二节　当代中国人该如何谦虚

谦德的积极修为与自觉塑建，刘向在《说苑·敬慎》中曾经概括出六种路径：

> 德行广大而守以恭者，荣；
>
> 土地博裕而守以俭者，安；
>
> 禄位尊盛而守以卑者，贵；
>
> 人众兵强而守以畏者，胜；
>
> 聪明睿智而守以愚者，益；
>
> 博闻多记而守以浅者，广。
>
> 此六守者，皆谦德者。①

译文：德高、行检，又能够恭敬地对待别人的人，是非常荣耀的。拥有宽广的土地和巨大的财富却仍然勤俭持家的人，一定能够获得平安吉祥。虽然官位高、俸禄厚，却仍能做到卑让于人的人，很值得敬重。兵强马壮的军队却仍然保持高度的畏惧心与警惕性，肯定能打败一切来犯的敌人。生性机灵而富有智慧的人，还能够勤奋好思，则一定能够继续成长和发展。博闻强记却又能够做到深入浅出的人，一定拥有宽广的知识视野。这六个方面的"坚持"就是谦虚美德。

这谦逊六德都强调一个"守"字，意味深长，至少可以说明：能不能行谦，主要动

---

① 刘向.说苑校证[M].北京：中华书局，1991：240.

力只在于个体自身。有于内,才能够产生守的愿望和欲求。内中已经具备,才需要精诚把持和谨慎护卫。于是,包括谦在内的一切道德行为,都应该蕴涵着强烈的主体自觉意向,因而也属于一种积极、自为的主观活动。道德不是法律,纯然主体自觉自为,强迫不得,威逼不能。

一、不恰当做法(伪谦虚)

谦虚是中华民族的传统美德,值得提倡和肯定的。但是谦虚也要有度,不能过度谦虚。"过度谦虚"也就是嘴上谦虚,心里不服,以"谦虚"为名博取他人赞许。宋代理学家朱熹告诫人们:"谦固美名,过谦者,宜防其诈。默为懿行,过默者,宜防其奸。"[1]意思是说谦虚是好的,但过分了则流于欺骗。沉默是一种美德,过度沉默则似奸猾。前文已多次论述谦虚在人际交往过程中起着积极作用,但是在现实的人际交往过程中,可能因为过度谦虚的不当做法而导致人际关系失败,而且长期过度谦虚的人会导致虚伪和自卑心理。

(一)虚伪的表现

在人际交往过程中,如果过分地妄自菲薄、自轻自贱、自我贬低、自我否定,过分地谦虚、客套,甚至达到做作、逢场作戏的地步,则会给他人留下缺乏自信和虚伪之感。先来看《尹文子·上篇》中"黄公好谦卑"的故事。

黄公好谦卑

齐有黄公者,好谦卑。有二女,皆国色。以其美也,常谦词毁之,以为丑恶。丑恶之名远布。年过而一国无聘者。

卫有鳏夫,失时冒娶之,果国色。然后曰:"黄公好谦卑,故毁其子,谓不美。"

于是,争礼之,亦国色也。

国色,实也;丑恶,名也。名实相违也。

(摘自:尹文.尹文子[M].北京:中华书局,1991:6.)

故事中黄公的女儿国色天香,但是因为黄公与他人谈及其女儿时过于谦虚,其他人就以为其女儿真是丑陋不堪了,这个名声与事实不符,自然就是虚假的。可见

---

[1] 陈望衡.周易玄机[M].北京:东方出版社,2011:76.

谦虚虽然是一种美德,但过度的谦虚同样是不可取的,这样不但损害了事物的实质,也容易使人形成一种误解,有时甚至会产生不良的后果。

妄自菲薄和自夸自大是两个极端,都有悖于谦虚的本质,都是谦虚不适度的表现。曾国藩虽推崇谦虚,但也告诫手下不可过度谦虚,他曾对吴坤修说:"凡过谦则近于伪,不可不虑。"①因过于谦虚,或者说是仅注重形式的谦虚,而不加强自身的精神素质,这种谦虚并非出自本心,本身就是虚伪的表现。凡事都应适度,过度谦虚背离了实事求是的原则,失去了谦虚之本义,容易走向极端,妄自菲薄或不恰当地否定自己,把自己说得一无是处、一无所有。一个人本意即便是谦虚的,但是如果谦虚过度,在他人看来就成了虚伪。试想如果一个卓有成就的人总是推辞说自己一无是处,别人难免会想他真的一无是处吗? 还是不愿意告诉我们他的经验呢? 这样就给人留下了虚伪的不好印象。有的人过度谦虚,往往是为了张扬自己,故意为之,以求别人夸奖自己谦虚。这种为谦虚而谦虚,是对谦虚的误解。谦虚本是客套之言,如果让他人误会而以为是事实,就会造成不好的后果。谦虚不是以此为目的,也不是以此来宣传自己,抬高自己,求名求利。至于不欲盈就是不求完美,凡事要留有余地,一味谦虚,会使谦虚在背离原有精神的同时,使事物之实与事物之名截然相反,从而走向谦虚的反面。燕国材认为虚伪的谦虚是不诚实的、是自欺欺人的表现。②华罗庚也曾说:"虚伪的谦虚,仅能博得庸俗的掌声,而不能求得真正的进步。"③

(二) 自卑的表现

古圣先贤教导我们要"谦虚为怀",并告诫我们"满招损,谦受益"。中国传统的谦虚美德十分强调"卑己尊人",认为一个人应该保持"卑己尊人"才是真正的谦虚,而且非常看重"卑己"的价值,认为谦虚的人必须单方面卑下、退让。但在现在看来,谦虚美德是应该保证尊重他人,这种过分地追求"卑己"是不可取的。过分的"卑己",甚至卑躬屈膝,不仅不会获得他人的尊重,反而令人轻贱自己,结果会适得其反。故此谦虚要以事实为依据,不要过于贬低自己。本来自己做得非常好,却把自己说得一无是处;本来自己非常有水平,却硬把自己说得一文不值,这是一种"卑己",一种不正确的谦虚表现,也就是"自卑"。谦虚本身没有错,然而,有时由于对谦虚的过分强调及误解,反而造成了一种自卑心理。在现实生活中,许多人常把谦虚当成是否定自己、不甘心地推让,认为抬举对方、贬低自己就是一

① 曾国藩.曾国藩全集[M].修订版.长沙:岳麓书社,2011:399.

② 燕国材.论谦虚心与学习[J].上海教育科研,2010,10:52-54.

③ 崔钟雷.名人名言[M].杭州:浙江人民出版社,2013:142.

种谦虚。一个过度谦虚的人,常常会过分看低自己,低估自己的能力,无法客观评价自己的长处和优势,不喜欢自己,不悦纳自己。当接受夸奖和认可时,也会产生不安感。时常伴有悲观失望的情绪,不敢接受挑战。这种过度的谦虚其实就是一种自卑心理。而一个人一旦自卑,做事就会犹豫不决,意志力薄弱,最终什么事情也做不成。

长期过度谦虚的人往往容易心理失落,因为他们习惯在遭遇挫败时承认自己不好、不行、疏忽、犯错;朋友的赞美,会让他们不知所措。过度谦虚的人虽然有时能得到他人的好感,但他却不得不经常地压抑着自己,过着不可怒、不可暴、不可狂的生活,容易产生一些失败感。故此谦虚必须要把握一定的分寸,要分清什么时候该谦虚,什么时候不该谦虚,谦虚应到什么程度。谦虚不仅因人而异,也因时代和社会风气不同而不同。

此外,还有一种伪谦虚值得一提,就是以谦虚为幌子来达到不丢面子的目的。这种谦虚其本意并非真正谦虚,而是为了保住面子。如领导安排某人一项任务,有人会说"本人能力有限,做不好或不能完成,请您不要对我抱太大期望……"等之类的话,看似谦虚,其实是在为以后自己真的不能完成这项任务而留有余地。如果此人顺利完美地完成了领导交给的任务,则表示谦虚;如未能完成领导的任务,此人会说我有言在先。再如,在一个娱乐活动中,某人被他人要求唱支歌助兴时,此人会说"本人五音不全,唱得不好,多多见谅……"之类的话。这样如果唱得好,别人会认为他很谦虚;如果确实唱得很差,此人也会说我有言在先,保住了面子。这种谦虚其实是假谦虚、伪谦虚,是为了不丢面子。

二、恰当做法(真正的谦虚)

谦虚是中华民族的传统美德,随着现代社会市场经济的发展,谦虚这一美德正面临挑战,传统谦虚的正面价值在现代社会中应该继续发扬,并结合时代背景进行现代转型,抛弃其负面价值。"中国古人十分重视谦虚美德,但中国古人对谦虚的重视有时甚至达到了某种极端的地步。当代中国社会的谦虚美德要重塑,应当注意修正古人过谦的偏颇。古人过谦之所以未成为一个严重的问题,是因为古代社会具有保守性、超稳定性,而过谦本质上与这种社会的保守性、超稳定性有相当程度的一致性。但在以市场经济为基础的当代中国社会中,创新、竞争是社会高效率发展的动力,这需要人们充分发挥自己的积极性和主观能动性,而过谦是不利于人们的积极性和主观能动性的充分发挥的。"①传统谦虚美德的现代转型意味着根据时

① 吕耀怀.""谦"的德性传统及其当代命运[J].道德与文明,2007(3):18-24.

代背景应赋予谦虚美德的现代内涵,当下中国人在保持谦虚美德时应该注意下面几点。

(一) 谦虚应当既尊人又尊己

结合时代价值观,适应现代社会市场经济条件下的谦虚美德应是建立在人与人之间彼此平等的基础上的,既尊人也要尊己。因为只有尊人,才能为人所尊;而只有真正懂得自尊的人,才会知道应尊重别人。现今不应再如传统的谦虚美德那样仅仅强调尊人卑己,单方面的卑下、退让。"谦则抑己之高而卑以下人,便是平也。"①传统的谦虚美德过于强调卑己的思想,这与中国封建社会的社会制度相一致,强调卑己对当时社会的稳定性起到了一定的积极作用。而当代中国是实行社会主义市场经济的现代社会,追求平等、公平、创新、竞争是时代的呼声,因此强调谦虚美德的"尊人尊己"对于增强平等、公平意识具有时代意义,使个体充分发挥自己的积极性和主观能动性。个体在人际关系上坚持尊人尊己,不仅有利于树立个体自信的心理品质,也有利于培养人们的利他主义精神,克服个人主义、利己主义的膨胀,克服个体过度竞争而带来内心的孤独、焦虑、郁闷,并能建立和谐人际关系。

(二) 谦虚应当既谦让又互利

中国古代先哲提倡谦虚美德就是要通过人与人之间的谦让,实现社会和人际关系的和谐。梁漱溟先生有一个观点:毁灭人类的不是科学技术,而是只知相争不知相让的人生态度。②当然,正如孔子曰:"当仁,不让于师。"③也就是说,人们对于"谦让"也要辩证分析,"谦让"也是有原则的,不能无限制的"谦让"。中华民族传统的谦虚美德注重谦让个体自己的利益。而今天社会主义市场经济是市场在资源配置中起基础作用的商品经济时代,人们对个人利益的追求是市场经济赖以存在的基本前提和市场经济运作的内在要求。因此,坚持互赢互利是社会主义市场经济的道德基础,互赢互利要求在市场交换范围内,严格遵循等价交换原则和自愿交换的原则;在人与人之间的关系上,应该遵循互相关心、互相友爱、互相帮助、互利互惠的原则。在当代社会主义市场经济条件下,竞争已经成为一种必要的生存条件,但是这种竞争并非为了蝇头小利而不择手段,真正具有竞争力的人是知晓竞争与

① 朱杰人,严佐之,刘永翔.朱子全书:第16册[M].上海:上海古籍出版社,2002:2363.

② 梁漱溟.中国文化的命运[M].北京:中信出版社,2010:171.

③ 杨伯峻.论语译注[M].2版.北京:中华书局,1980:170.

合作的关系,也懂得适度的谦让对互赢互利的结果是非常有利的。

(三)谦虚应当谦和共生

中华民族传统的谦虚美德也有谦和之意,但是谦和之中缺乏共生的理念。而共生是现代社会的基本要求,随着经济全球化的不断发展,世界各国和各地区的人们交流联系越来越紧密,和谐共生是经济全球化的时代发展的要求。张立文曾认为人对于自然、社会、他人、心灵、文明,都应以温和、善良、宽容、恭敬、同情、谦让的心态相互共处。提出人类面临人与社会、人与人、人与自然、人与心灵、文明与文明之间五大冲突的五大理念:和生、和处、和立、和达、和爱。[①]谦和共生完全符合这五大理念的要求。在当代中国,人们的生存压力逐渐增大,人与人、人与自然、人与社会等之间的关系也随之变得紧张,对传统谦虚美德赋予谦和共生的理念,对于人与人之间谦和友爱、和谐的人际关系起着非常重要的作用,并且也有利于人们尊重生存与生态环境,积极倡导人与自然、人与社会的和谐共生。

总之,随着我国社会主义市场经济的不断发展,谦虚美德在当今社会依旧具有重要的意义,并发挥其积极作用。现代意义的谦虚美德,强调人与人之间的谦和善待,坚持人人平等的交往原则,尊重交往双方平等的人格。现代社会人与人之间保持谦和谦让,有利于营造真正意义的和谐的人际关系,人们也将表现出平和的心态,继续表现中国人的"谦谦君子""温文尔雅"君子品质。在社会主义市场经济的社会下,竞争是时代的基本要求,谦虚美德的发展也要符合时代要求,故要尊重和鼓励竞争,强调每个个体要保持谦虚的学习态度,激发不断追求进步、挑战自我、追求更大的进步和竞争力的时代精神。同时提倡个体运用正当手段进行竞争,并鼓励竞争与合作并存,适度保持谦虚创造双赢的良性结果。在吸取传统谦德价值基础上,结合当代社会现实,培养现代中国人的谦虚这一传统美德,将有助于个人道德品行的完善、人际交往成功和社会事业发展。

第三节　青少年谦虚心培养的策略

"谦,德之柄也。"谦虚心道德德育对青少年健全人格的塑造,道德水平、人际关

---

① 张立文.中华和合人文精神的现代价值[J].社会科学研究,1997:48-54.

系、心理健康等方面的提升等都具有重要意义。青少年谦虚心道德德育模式的建构包含认知、情感、动机、行为四个基本层面，按照主体性、发展性、引导性、整体性、可操作性原则，运用"以生为本""正身净心""知行合一""内外兼修"等教育方法，将谦虚心道德德育理论运用于德育实践中。孔子《周易·系辞下》有载："谦，德之柄也。"①中西方均认为，谦虚被认为是精神、宗教、哲学传统中的美德，并且与个体的精神成长和成熟相联系。虽然美德研究越来越多，但由于测量的复杂性，以及与过分强调自我和自尊的冲突，谦虚这一传统美德未得到应有的重视。沃辛顿（Worthington）在《谦虚：安静的美德》一书中强调谦虚的美德可以改变生活。②随着多元复杂的道德观念的充斥，个人主义盛行带来的冲突影响，人际危机的不断爆发，中西方开始积极探索谦虚的作用，用行动呼吁着谦虚的回归。青少年期是同一性和角色混乱的冲突期，是自我意识的确定和自我角色的形成关键期，所以这个阶段的谦虚心道德德育就尤为关键。谦虚是一种美德，是一种积极的心理品质，是青少年德育的重要内容。本节尝试初步建构青少年谦虚心道德德育模式，以期对青少年德育和谦虚的研究有所启示。

一、谦虚心道德德育模式建构的基本面

谦虚心道德德育模式包含认知、情感、动机、行为四个基本面，其中认知层面是出发点，情感层面是连结点，动机层面是驱动力，行为层面是落脚点。只有这四个基本面相互之间协调统一，才能发展出真正的谦虚心。

（一）认知基本面

谦虚认知是指个体通过心理活动（如对谦虚心的含义、特征、性质、意义等形成概念、知觉、判断或想象）来获取知识，比如青少年认为在人际交往的过程中是否应该保持谦虚心，谦虚心是否是美德，在什么情境下会更易表现出谦虚心，等等。谦虚心的认知基本面是其心理机制最基本也是最重要的部分，是通过习得形成符合社会规范的意识。皮亚杰认为青少年期是形式运算阶段，思维可以利用语言文字，在头脑中想象和思维，重建事物和过程来处理现实中的问题，那么该阶段让青少年形成对谦虚心的正确认知就显得尤为重要。

---

① 周振甫.周易译注[M].北京：中华书局，2012：348.

② Rzepecki A.Humility：the quiet virtue[J].Catholic Library World，2008（2）：3.

（二）情感基本面

谦虚心的情感体验维度是指个体在表现谦虚时的内心体验，包括正性或负性的情感体验，如愉悦、欢喜、厌恶、忧伤等。人的情感体验主要来自"触景生情"和"以情生情"，那么德育模式中的情感系统即由微观的感触阶段、感受阶段、感悟阶段，到感化阶段的发展，让青少年对谦虚心的情感体验上升为道德情操，对谦虚心这一传统美德产生共鸣，从而达到谦虚心道德德育的目的。

（三）动机基本面

谦虚动机实际上是在对谦虚心的认知和情感的基础上产生的，通过对未来的预见和期待来激发和指导自己的谦虚行为。也就是说，个体是否愿意、积极、主动地在人际交往中表现出谦虚的行为倾向。杉浦（Sugiura）等根据动机的不同，将谦虚心分为亲和性谦虚和防御性谦虚，前者是指向他人的，以维持人际和谐为目的；后者是指向自我的，以自我保护为目的。[①]胡金生将谦虚心分为真诚性谦虚心、规范性谦虚心和防御性谦虚心，真诚性谦虚心的实质是积极向上、有所作为的精神，真诚、自觉的"卑己"，不会导致消极的自我评价；规范性谦虚心和防御性谦虚心更倾向于一种印象管理策略，是为了达到某种目的而采取的自我控制行为，是有所为而为之。[②]

（四）行为基本面

谦虚行为是个体在人际交往过程中是否表现出谦虚心的言行。谦虚的行为阶段是谦虚得以实现的关键，是个体谦虚心的外化，是判断个体是否谦虚以及谦虚水平高低的标准。在谦虚心道德教育中，不管是认知层面、情感层面还是动机层面，最终都落实在谦虚心的行为层面，都落实在谦虚心的实践层面。正如亚里士多德说过："做公正的事情才能成为公正的人，进行节制才能成为节制的人，有勇敢的表现才能成为勇敢的人。"

---

① Sugiura T. Developmental change in the relation between two affiliation motives and interpersonal alienation[J].The Japanese Journal of Educational Psychology,2000,48(3):352-360.

② 胡金生,黄希庭.自谦:中国人一种重要的行事风格初探[J].心理学报,2009,41(9):842-852.

二、建构谦虚心道德德育模式的原则

在谦虚心道德德育理论研究和具体实践中,需遵循青少年谦虚心道德的发展规律、德育主客体关系规律、德育发展规律等,按照主体性、发展性、引导性、整体性、可操作性等原则来建构青少年谦虚心道德德育模式,以便更好地将德育理论运用于德育实践中。

第一,青少年谦虚心道德德育模式的建构需遵循主体性原则。王策三说:"主体性是全面发展的人的根本特征。""教育对人的发展从而对社会的发展所起作用的大小,基本上取决于它在多大程度上培养出主体性的人来。"①谦虚心的德育模式需尊重青少年的人格尊严、生命价值和生活意义,充分调动青少年的自主性、自律性和能动性,这是现代道德教育发展的必然方向。

第二,青少年谦虚心道德德育模式的建构需遵循发展性原则。克莱恩说:"孩子们所拥有的潜能比目前的教育体制所能启发他们的多得多,你必须要从旁协助他们。"个体谦虚心的发展受到社会文化、情境等外部变化因素以及性别、信念等个体变化因素的影响,青少年谦虚心道德德育模式的建构必须着眼于人的道德发展,以人的全面发展为终极目标,不能用静止的眼光来将其禁锢。

第三,青少年谦虚心道德德育模式的建构需遵循引导性原则。在青少年道德发展的过程中,教育者在引导和促进学生主体性发展上起着重要的作用。教育使人成为真正的人,教育者的引导作用是任何时候都不能被抹杀的,教育者的谦虚心对整个学生群体起着促进作用。

第四,青少年谦虚心道德德育模式的建构需遵循整体性原则。青少年谦虚心道德德育需协调认知、情感、动机、行为四个层面,形成以知成人、以情动人、以动感人、以行树人的和谐德育系统;青少年谦虚心道德德育需紧密结合学校德育、家庭德育和社会德育,通过第一课堂的专业学习、第二课堂的丰富多彩、第三课堂的媒体融合以及文化环境的熏染浸润来建构立体化的德育空间。

第五,青少年谦虚心道德德育模式的建构需遵循可操作性原则。德育模式是连接德育理论和德育实践的重要桥梁,是将德育理论运用于实践的操作方式。谦虚心道德德育模式的可操作性也是德育科学化的必然结果,需坚持"贴近实际、贴近生活、贴近学习"的原则,用科学的测量工具来研究青少年的谦虚心发展水平、发展现状和发展特点,从而更好地建构谦虚心道德德育模式。

---

① 王策三.教育主体哲学刍议[J].北京师范大学学报(社会科学版),1994(4):84-85.

三、践行谦虚心道德德育模式的方法

谦虚心道德德育从认知、情绪、动机、行为四个层面来促进青少年的德性发展和道德人格的提升。教育者在谦虚心道德德育模式的践行过程中应遵循青少年的身心发展规律，贴近他们的生活实际，强化他们的参与体验，探索多样化的践行方式，从而实现谦虚心道德教育的科学化、规范化和立体化。

第一，以生为本，坚持教育与自我教育相结合。当代的青少年崇尚尊重、自由、民主和平等，不喜欢"填鸭式"的教育，谦虚心道德的理论和实践教育应充分尊重受教育者的主体性，坚持"以生为本"的原则，开拓思想，创新路径，将教育者的引导教育和教育对象的自我教育结合起来，共同参与德育活动，激发德育对象的自主性、能动性和创造性。由于教育者本身的谦虚心修养对青少年的团队管理和教育的影响也非常深远，因此提升自身的道德修养，健全自身的人格也是非常有必要的。

第二，正身净心，坚持传统文化教育和心理健康教育相结合。博大精深的中华传统文化的道德精髓，"仁、义、礼、智、信"的时代价值，是青少年社会主义核心价值观的重要源泉；心理健康教育是激发个体潜能、和谐身心、健全人格的重要方式；传统文化强调内省，主张修身养性，重视道德修养，完善健全人格，在进行传统文化教育的同时，结合青少年的思想形成和心理发展特点，进行相匹配的心理健康教育，对青少年的思想共识形成、精神力量汇聚、社会风尚引领都具有重大意义。

第三，知行合一，坚持说服教育与美德践行相结合。说服教育以增强理解力和理性认识为重点，引导青少年理解谦虚心的精神内涵，增强传承和弘扬谦虚美德的责任感和使命感。美德践行以增强感受力和感性认识为重点，教育者要注重文化体验，开展立体化的校园和社会活动，可通过知识竞赛、志愿服务、传统礼仪教育等体验式教育，强化青少年对谦虚心的感受和理解。将说服教育融入美德实践中，形成日常教育、全程参与、文化育人、实践育人的良好氛围，真正做到谦虚心这一传统美德的"入耳、入脑、入心"。

第四，内外兼修，坚持外显教育和内隐教育相结合。外显教育是通过教育对象有意识的心理活动，直接发生变化的教育方法；内隐教育则是通过教育对象无意识的心理活动，间接发生变化的教育方法。谦虚心道德德育应高度重视教育内容和方法的人性化和内隐化，紧贴青少年谦虚心思想的发展特点和接受习惯，打造出青少年喜闻乐见、主动参与的教育活动，应增强学习教育活动的互动性，实现谦虚心道德德育潜移默化、"润物细无声"的树人效果。